BESTACTIVITYBOOKS.COM

PRIMEIRA EDIÇÃO - 2022

Ilustración gráfica adicional: www.freepik.com
Graças a Alekksall, Starline, Pch.vector, Rawpixel.com, Vectorpocket, Dgim-studio, Upklyak, Macrovector, Stockgiu, Pikisuperstar & Freepik.com Designers

5 DICAS PARA COMEÇAR

1) CÓMO RESOLVER LAS SOPA DE LETRAS

Os puzzles têm um formato clássico:

- As palavras estão escondidas sem espaços ou hífenes,...
- Orientação: As palavras podem ser escritas para a frente, para trás, para cima, para baixo ou na diagonal (podem ser invertidas).
- As palavras podem sobrepor-se ou intersectar-se.

2) APRENDIZAGEM ACTIVA

Ao lado de cada palavra há um espaço para anotar a tradução. Para encorajar a aprendizagem activa, um **DICIONÁRIO** no final desta edição permitir-lhe-á verificar e expandir os seus conhecimentos. Procure e anote as traduções, encontre-as no puzzle e adicione-as ao seu vocabulário!

3) MARCAR AS PALAVRAS

Pode inventar o seu próprio sistema de marcação - talvez já use um? Pode também, por exemplo, marcar palavras difíceis de encontrar com uma cruz, palavras favoritas com uma estrela, palavras novas com um triângulo, palavras raras com um diamante, e assim por diante.

4) ESTRUTURANDO A APRENDIZAGEM

Esta edição oferece um **CADERNO DE NOTAS** prático no final do livro. Nas férias, em viagem ou em casa, pode facilmente organizar os seus novos conhecimentos sem a necessidade de um segundo caderno!

5) JÁ TERMINOU TODAS AS GRELHAS?

Nas últimas páginas deste livro, na secção **DESAFIO FINAL**, encontrará um jogo gratuito!

Rápido e fácil! Consulte a nossa colecção de livros de actividades para o seu próximo momento de diversão e **aprendizagem**, a apenas um clique de distância!

Encontre o seu próximo desafio em:

BestActivityBooks.com/MeuProximoLivro

Aos vossos lugares, preparem-se...Vão!

Sabia que existem cerca de 7.000 línguas diferentes no mundo? As palavras são preciosas.

Adoramos línguas e temos trabalhado arduamente para criar livros da mais alta qualidade para si. Os nossos ingredientes?

Uma selecção de tópicos adequados à aprendizagem, três boas porções de entretenimento, e depois acrescentamos uma colherada de palavras difíceis e uma pitada de palavras raras. Servimo-los com amor e máximo divertimento, para que possa resolver os melhores jogos de palavras e se divirta a aprender!

A sua opinião é essencial. Pode participar activamente no sucesso deste livro, deixando-nos um comentário. Gostaríamos de saber o que mais lhe agradou nesta edição.

Aqui está um link rápido para a sua página de encomendas:

BestBooksActivity.com/Avaliacoes50

Obrigado pela vossa ajuda e divirtam-se!

A Equipa Inteira

1 - Dirigindo

ค	น	เ	ด	ิ	น	เ	ท	้	า	ต	ณ	ด	ไ	ไ
ค	ว	า	ม	ป	ล	อ	ด	ภ	ั	ย	ำ	บ	ว	ต
แ	ร	ถ	บ	ร	ร	ท	ุ	ก	ก	ณ	ฉ	ร	ณ	ษ
ผ	พ	ฟ	ห	ด	ค	ศ	จ	ไ	ก	น	า	ช	ว	ร
น	ป	ต	ุ	ห	เ	ต	ิ	บ	ั	ุ	อ	ก	ย	จ
ท	ต	์	น	ย	น	า	ย	ร	ก	ั	จ	ถ	ร	เ
ี	แ	น	ฉ	ฝ	ก	ญ	า	ป	อ	ผ	ม	ญ	ร	ช
่	ท	ย	ล	ไ	า	ุ	ร	ร	ุ	ญ	ฟ	แ	จ	ี
โ	ร	ง	ร	ถ	ร	น	ต	ะ	โ	ธ	ด	ว	า	้
ฝ	ด	อ	น	อ	ข	อ	น	ก	ม	ณ	เ	ต	ร	อ
ศ	ฉ	่	ไ	ง	น	บ	ั	ั	ง	ค	บ	ม	จ	เ
พ	ศ	ี	แ	จ	ส	ไ	อ	น	ค	ว	ร	ไ	ร	พ
ส	ช	ร	ก	ญ	่	จ	ถ	ภ	์	ถ	ค	เ	า	ล
พ	บ	ค	๊	ล	ง	ย	ฟ	ั	เ	ย	น	ณ	ก	ิ
ไ	ฝ	เ	ส	ฟ	ห	ค	ษ	ย	ช	ม	ง	น	ผ	ง

อุบัติเหตุ
รถบรรทุก
รถ
เชื้อเพลิง
ถนน
เบรค
โรงรถ
แก๊ส
ใบอนุญาต
แผนที่
รถจักรยานยนต์
เครื่องยนต์
คนเดินเท้า
อันตราย
ตำรวจ
ความปลอดภัย
ประกันภัย
การขนส่ง
การจราจร
อุโมงค์

2 - Antiguidades

ผ	ะ	ป	ร	ญ	ถ	ร	ป	ส	ฝ	ก	ท	ร	ร	ง
◌ิ	พ	ไ	ฝ	า	ถ	◌ู	ณ	น	พ	า	ภ	ณ	◌ุ	ค
ด	แ	พ	ศ	ย	ะ	ป	ล	◌ิ	ศ	ร	แ	ก	◌่	ศ
ป	ไ	ก	ด	◌้	ท	แ	ย	ฝ	ค	ฟ	แ	ณ	ถ	ะ
ก	ส	ต	ล	ต	ย	บ	ณ	แ	ป	◌ื	แ	พ	ม	บ
ต	ภ	ษ	ย	เ	ก	บ	ฉ	ข	ฉ	◌้	ผ	ธ	ร	ม
◌ิ	ง	ส	ซ	ง	ล	ษ	ข	เ	ธ	น	ไ	ป	ร	อ
เ	ห	ร	◌ี	ย	ญ	อ	เ	ข	ว	ฟ	น	ร	ก	บ
ซ	แ	ส	ผ	อ	ท	ะ	ร	ร	ง	◌ู	ก	ะ	า	ด
า	ธ	ง	ภ	ณ	พ	ผ	ะ	◌ี	า	ซ	ศ	ม	ม	ท
◌่	ค	◌่	ณ	ว	ถ	ก	ป	ซ	◌่	ย	ไ	◌ู	◌ิ	ศ
ค	ศ	า	ศ	ต	ว	ร	ร	ษ	ฉ	ป	ก	ล	ต	ว
เ	ฟ	อ	ร	◌์	น	◌ิ	เ	จ	อ	ร	◌์	า	ะ	ร
ซ	ฝ	ข	ต	ก	แ	ต	◌่	ง	ม	า	ฝ	น	ร	ร
พ	ต	ง	ก	า	ร	ล	ง	ท	◌ุ	น	ล	ข	ป	ษ

ศิลปะ
แท้
ตกแต่ง
ทศวรรษ
สง่า
ประติมากรรม
รูปแบบ
แกลเลอรี่
ผิดปกติ
การลงทุน
รายการ
ประมูล
เฟอร์นิเจอร์
เหรียญ
ราคา
คุณภาพ
การฟื้นฟู
ศตวรรษ
ค่า
แก่

3 - Churrascos

ห	ส	ไ	ส	ไ	ฝ	ค	ศ	ะ	ะ	ม	อ	ส	ย	ซ
ษ	ศ	ร	า	ว	จ	ค	ฉ	ถ	ฟ	ส	ด	ฟ	◌่	า
ฟ	ป	ถ	◌้	เ	ก	ล	◌ื	อ	ต	ภ	ย	ป	า	ไ
ญ	ช	◌ิ	เ	อ	◌้	◌ี	ช	เ	ร	า	ก	แ	ง	อ
เ	ฝ	ค	ร	ษ	น	◌็	ย	เ	ร	า	ห	า	อ	า
ผ	ก	ฤ	ด	◌ู	ร	◌้	อ	น	ธ	ย	ด	ด	พ	ห
บ	ไ	ม	ป	ษ	ช	ไ	ม	ซ	ผ	ไ	เ	น	ร	า
ไ	ล	พ	ศ	ะ	ร	ม	อ	ห	ว	◌ั	ห	ต	◌ิ	ร
ค	ว	า	ม	ห	◌ิ	ว	ส	ล	◌ั	ด	ก	ร	ก	ก
ร	อ	ซ	เ	ผ	ล	ท	อ	บ	ร	◌ี	น	◌ี	ไ	ล
ด	พ	ม	ค	ล	ต	น	ซ	ต	ค	ม	ญ	ธ	ท	า
แ	ษ	แ	พ	ไ	ว	ห	ย	ส	บ	ป	ม	ศ	ย	ง
ภ	ง	ท	ญ	ม	อ	ก	ผ	ล	อ	ษ	ล	น	น	ว
ช	ไ	ม	ง	◌้	ท	ห	ฟ	า	ร	ฟ	ภ	ศ	ไ	◌ั
ม	ะ	เ	ข	◌ื	อ	เ	ท	ศ	ค	ไ	ก	◌่	ภ	น

อาหารกลางวัน
หัวหอม
การเชื้อเชิญ
มีด
ครอบครัว
ความหิว
ไก่
ผลไม้
ย่าง
อาหารเย็น
เกม
ผัก
ซอส
ดนตรี
พริกไทย
ร้อน
เกลือ
สลัด
มะเขือเทศ
ฤดูร้อน

4 - Pesca

แ	ท	น	◌้	◌ำ	ห	น	◌ั	ก	ค	ข	เ	ช	บ	ค
ณ	ะ	ฟ	ง	ศ	ส	ต	ถ	ย	ง	า	ห	ญ	ค	ว
ข	เ	ผ	ธ	อ	เ	ภ	ะ	ไ	แ	ก	ง	ด	ศ	า
ไ	ล	ต	ะ	ก	ร	◌้	า	ข	ง	ร	◌ื	ผ	เ	ม
จ	ส	จ	ด	ด	เ	น	ช	ะ	อ	ร	อ	ช	ร	อ
ร	า	ห	า	อ	◌ำ	ท	◌้	เ	อ	ไ	ก	า	◌ื	ด
ม	บ	ะ	ฤ	ค	ฉ	แ	ย	◌ำ	ถ	ก	ก	ย	อ	ท
า	ห	ม	ด	ร	ล	ต	ช	บ	อ	ร	แ	ห	◌่	น
ม	ผ	า	◌ู	◌ี	น	ญ	ษ	ผ	◌ุ	ก	ท	า	◌ี	ต
ป	บ	แ	ส	บ	แ	ป	ล	ฟ	ป	ญ	ศ	ด	ย	อ
ค	ณ	ม	ป	ม	ณ	แ	เ	ย	ก	ร	ข	ว	ห	ช
ถ	จ	◌่	แ	อ	◌ุ	ธ	ณ	ณ	ร	ห	ศ	ล	เ	น
ม	ร	น	เ	ญ	อ	ท	ผ	ศ	ณ	ส	ศ	ภ	ส	ง
ห	ม	◌้	ผ	ฟ	ณ	ค	ร	ย	◌์	ร	ฝ	ด	ป	ง
ไ	ศ	◌ำ	ร	ล	ค	ซ	ต	ช	ข	ม	า	ร	ผ	ซ

น้ำ
ครีบ
เรือ
เหงือก
ตะกร้า
ทำอาหาร
อุปกรณ์
ลวด
ตะขอ
เหยื่อ
ทะเลสาบ
ขากรรไกร
มหาสมุทร
ความอดทน
น้ำหนัก
ชายหาด
แม่น้ำ
ฤดู

5 - Geologia

บ	า	ษ	ถ	แ	แ	ม	ไ	พ	ไ	ข	ศ	จ	ห	ก
ค	ซ	ย	ศ	ย	ผ	อ	ณ	ด	ไ	ญ	ณ	แ	◌ิ	เ
จ	ต	◌ุ	า	ธ	◌่	ร	แ	ฟ	ถ	ร	ษ	ก	น	ห
า	ฟ	า	ว	ช	น	ป	ะ	ก	า	ร	◌ั	ง	ย	◌ิ
ไ	ป	ล	า	ไ	ด	ร	ก	ล	เ	บ	ร	ช	◌ั	น
ฟ	ภ	ต	ล	ร	◌ิ	น	ป	ไ	ก	า	บ	ค	อ	ง
า	อ	◌ั	จ	◌่	น	ช	ฝ	ว	ล	โ	ซ	น	ย	อ
ะ	ฉ	ส	ล	อ	ไ	ฟ	◌ั	ท	◌ี	ญ	ร	ษ	ร	ก
ส	ะ	◌ิ	ซ	น	ห	ศ	ษ	◌้	อ	ง	ไ	ต	จ	เ
จ	ธ	ร	ง	◌ิ	ว	ภ	ก	น	น	พ	ห	พ	ษ	ร
ต	ะ	ค	ผ	ห	ล	แ	ค	ล	เ	ซ	◌ี	ย	ม	ผ
ภ	◌ู	เ	ข	า	ไ	ฟ	ท	ถ	◌้	◌ำ	ะ	จ	ศ	ส
ษ	บ	พ	ฝ	ธ	ธ	อ	ช	ว	ฉ	ศ	อ	ต	น	ม
ท	◌ี	◌่	ร	า	บ	ส	◌ู	ง	◌ี	ร	ก	อ	น	ค
ไ	ค	ว	อ	ท	ซ	◌์	ร	ป	ส	ป	ซ	ฝ	ผ	ภ

กรด
ชั้น
ถ้ำ
แคลเซียม
ทวีป
ปะการัง
คริสตัล
ร่อน
หินย้อย
หินงอก
ฟอสซิล
ลาวา
แร่ธาตุ
หิน
ที่ราบสูง
ควอทซ์
เกลือ
แผ่นดินไหว
ภูเขาไฟ
โซน

6 - Tempo

ษ	ร	ป	ว	ล	ญ	เ	ท	ค	ท	ช	เ	ล	ส	ศ
ช	า	ป	ษ	◌ั	เ	ง	ม	โ	ว	◌่	◌ั	ช	ม	ซ
ป	ฟ	◌ี	ม	ข	น	◌ั	ว	◌ี	ห	า	ห	ณ	ห	ง
บ	บ	ท	ถ	ร	ด	น	า	ศ	◌่	ข	ข	ณ	ะ	ถ
ก	ล	า	ง	ค	◌ี	น	◌ี	แ	น	อ	ธ	ต	ด	ถ
ท	ก	น	อ	ม	น	อ	ป	◌้	า	ส	ว	ค	ง	ว
ญ	ศ	ธ	ธ	บ	น	◌่	ง	ณ	ฬ	◌ั	ห	า	พ	เ
ต	ภ	ว	ว	ง	ว	ก	ภ	ส	◌ิ	ป	พ	น	น	ท
ญ	ฝ	ป	ร	ธ	ษ	เ	พ	ห	ก	ด	ซ	อ	ท	◌ี
ส	ซ	ม	ป	ร	ฉ	ธ	ษ	ท	า	า	จ	เ	◌ิ	◌่
เ	ษ	ธ	า	ฉ	ษ	บ	น	บ	แ	ห	ห	ภ	◌ิ	ย
ด	ศ	ต	ว	ร	ร	ษ	ะ	ง	ณ	◌์	ข	ด	ฏ	ง
◌ี	ป	ห	จ	ว	ค	ษ	◌ี	ป	◌ำ	จ	ะ	ร	ป	ฝ
อ	ษ	จ	บ	ด	ฉ	ส	ข	ภ	บ	ษ	ส	ต	บ	ด
น	พ	ท	ต	ผ	เ	ช	◌้	า	ต	อ	น	น	◌ี	◌้

ตอนนี้
ปี
ก่อน
ประจำปี
ปฏิทิน
ทศวรรษ
วัน
อนาคต
วันนี้
ชั่วโมง
เช้า
เที่ยง
เดือน
นาที
ขณะ
กลางคืน
เมื่อวาน
นาฬิกา
สัปดาห์
ศตวรรษ

7 - Astronomia

ร	ซ	◌ู	เ	ป	อ	ร	◌์	โ	น	ว	า	น	แ	น
◌์	แ	ส	ง	อ	า	ท	◌ิ	ต	ย	◌์	ธ	◌ั	ร	◌ั
ท	ด	า	ว	เ	ค	ร	า	ะ	ห	◌์	เ	ก	ง	ก
น	ว	น	ค	า	ก	ด	ฟ	จ	ล	ซ	น	ด	โ	บ
◌ั	ร	ณ	ผ	ร	ว	า	◌้	◌ั	า	ค	บ	า	น	◌ิ
จ	จ	ไ	ว	แ	า	ห	ง	ก	อ	ณ	◌ิ	ร	◌้	น
ง	า	ห	ว	า	ด	ส	อ	ร	อ	ฟ	ว	า	ม	อ
ว	ฉ	ศ	ะ	ข	◌ู	ธ	◌้	ว	ณ	ณ	ล	ศ	ถ	ว
ด	า	บ	ภ	เ	ด	ต	ท	า	ก	ด	า	า	◌่	ก
บ	ไ	ด	ซ	ถ	อ	ข	ส	ล	ง	า	ข	ส	ว	า
จ	ห	ด	ม	ง	ห	ล	◌ี	จ	า	ว	ธ	ต	ง	ศ
ม	จ	ภ	ภ	◌่	ย	ว	ง	ต	ศ	ต	ถ	ร	ข	ษ
ก	ษ	ว	◌ิ	ษ	◌ุ	ว	◌ั	ต	ท	ก	ว	◌์	น	ส
ช	า	ต	ผ	ซ	ข	ล	ร	ต	ป	ศ	ล	น	ไ	เ
เ	ต	ส	บ	◌่	◌ี	ซ	ก	ล	แ	า	ก	โ	ห	ไ

นักบินอวกาศ
นักดาราศาสตร์
ท้องฟ้า
ดาวหาง
กลุ่มดาว
คราส
วิษุวัต
จรวด
กาแลกซี่
แรงโน้มถ่วง
ดวงจันทร์
ดาวตก
เนบิวลา
หอดูดาว
ดาวเคราะห์
รังสี
แสงอาทิตย์
ซุเปอร์โนวา
โลก
จักรวาล

8 - Acampamento

เ	า	จ	จ	แ	ศ	ไ	ส	ย	ม	แ	ศ	ภ	ท	ะ
ป	ค	แ	า	ว	ท	ข	ฉ	ย	ะ	ม	ท	ธ	ฉ	จ
ล	ก	ง	ไ	ภ	จ	ย	ณ	ณ	บ	ล	ค	ไ	จ	ไ
ญ	ะ	ะ	ป	ศ	ฟ	พ	จ	ห	ต	ง	ถ	ค	อ	แ
ว	อ	◌ุ	ป	ก	ร	ณ	◌์	ธ	◌้	ต	ษ	ย	ว	ย
น	ห	จ	ซ	อ	ล	ร	◌์	ท	น	◌ั	จ	ง	ว	ด
ข	ม	น	ร	◌ี	ท	ล	จ	ฟ	ไ	ว	ไ	ศ	ล	แ
ห	ว	ต	ส	ช	◌ิ	ต	า	ช	ม	ร	ร	ธ	◌่	ผ
ถ	ก	ษ	ม	เ	ท	ล	พ	ส	◌้	ป	อ	ไ	า	น
ก	า	ร	ผ	จ	ญ	ภ	◌ั	ย	◌ั	ร	◌่	ท	ส	ท
จ	ง	ข	ร	ป	แ	ง	ฝ	ซ	ไ	ต	ฟ	า	◌ั	◌ี
ห	◌้	า	ง	ฟ	ค	ส	ซ	ว	ม	ณ	ว	ท	ต	◌่
ย	ข	ม	ป	ป	น	เ	ต	◌็	น	ท	◌์	◌์	ว	ณ
ภ	◌ู	เ	ข	า	◌ู	เ	ข	◌็	ม	ท	◌ิ	ศ	◌์	ภ
ศ	ด	พ	ท	ะ	เ	ล	ส	า	บ	ป	ค	ณ	ผ	ล

สัตว์
การผจญภัย
ต้นไม้
เข็มทิศ
ห้าง
ล่าสัตว์
แคนู
หมวก
เชือก
อุปกรณ์
ป่า
ไฟ
แมลง
ทะเลสาบ
ดวงจันทร์
เปลญวน
แผนที่
ภูเขา
ธรรมชาติ
เต็นท์

9 - Ficção Científica

ด	ก	ก	า	ร	ร	ะ	เ	บ	◌ิ	ด	ณ	เ	เ	ก
◌ิ	า	◌์	ห	ะ	า	ร	ค	เ	ว	า	ด	ฉ	พ	ก
ส	แ	ไ	ฟ	ศ	ง	เ	ถ	จ	อ	ต	อ	ข	◌ั	ไ
โ	ล	ล	เ	ม	จ	อ	พ	ก	ท	ง	ะ	ไ	อ	ว
ท	ก	◌ื	ป	ท	ย	า	า	ษ	ก	ว	ต	อ	ฝ	น
เ	ซ	ก	ย	เ	ค	ด	ไ	ล	ห	ล	อ	ส	◌ั	ล
ป	◌ี	ล	ไ	ฝ	ณ	โ	ผ	ณ	ศ	พ	ม	◌ื	น	ม
◌ี	◌่	◌ั	ไ	◌์	ร	ต	น	ย	พ	า	ภ	ง	ร	โ
ย	ฉ	บ	ฟ	ล	ณ	ะ	จ	โ	ก	ภ	ด	◌ั	ส	ษ
ม	ห	◌ั	ศ	จ	ร	ร	ย	◌์	ล	ป	ร	น	◌ุ	ส
ห	◌ุ	◌่	น	ย	น	ต	◌์	า	โ	ย	ล	ห	ด	◌ิ
ะ	ภ	ษ	ภ	ซ	ศ	ค	ญ	ย	อ	ล	◌ี	ะ	ข	ท
ไ	ค	ถ	ผ	ว	จ	า	ผ	น	ว	ป	ต	ฝ	◌ี	ธ
บ	ก	ส	ญ	ฟ	เ	น	า	ณ	ส	ข	ส	ม	ด	◌ิ
ถ	ย	ล	ณ	ถ	ฝ	อ	ท	ไ	ว	ส	ว	ข	ก	◌์

อะตอม
โรงภาพยนตร์
ไกล
ดิสโทเปีย
การระเบิด
สุดขีด
มหัศจรรย์
ไฟ
อนาคต
กาแลกซี่
ภาพลวงตา
เพ้อฝัน
หนังสือ
ลึกลับ
โลก
สิทธิ์
ดาวเคราะห์
หุ่นยนต์
เทคโนโลยี

10 - Mitologia

ว	เ	ญ	ก	บ	ไ	ไ	ต	ญ	อ	จ	ห	ส	ต	ส
◌ี	ข	พ	า	ภ	ต	ม	อ	◌ำ	ข	า	ย	◌ั	◌้	◌ิ
ร	า	ง	ร	แ	ย	แ	ร	ง	น	บ	ต	ต	น	◌่
ส	ว	ไ	ส	◌่	ย	ร	ภ	แ	ค	า	เ	ว	แ	ง
ต	ง	ผ	ร	ค	โ	ญ	ว	า	◌้	ฟ	น	◌์	บ	ม
ร	ก	ญ	◌้	บ	ว	◌ี	บ	ค	แ	ป	ถ	ป	บ	◌ี
◌ี	ต	ด	า	จ	ง	า	ฮ	ฉ	◌้	ฟ	แ	ร	ร	ช
ต	ณ	า	ง	ก	อ	ม	ม	ธ	ก	ฝ	ข	ะ	ก	◌ี
พ	ฤ	ต	◌ิ	ก	ร	ร	ม	ห	แ	ล	จ	ห	◌ั	ว
ฟ	ธ	ป	ศ	ง	◌้	ร	แ	ห	◌ึ	น	ค	ล	น	◌ิ
◌้	ไ	ศ	ธ	เ	า	ธ	ย	ษ	ธ	ง	ย	า	น	ต
า	ฟ	อ	ผ	ญ	◌้	น	ค	ช	ภ	ท	ห	ด	ป	แ
ผ	ล	ม	ซ	ศ	ฟ	ฒ	ล	ษ	ศ	เ	◌ิ	ว	ค	เ
◌่	ช	ษ	ต	◌ิ	บ	◌ั	พ	◌ิ	ย	◌ั	ภ	ฝ	ง	ไ
า	ก	ง	า	ไ	ง	ว	ว	ฟ	ฉ	ช	ง	น	ต	ด

ต้นแบบ
ความหึงหวง
พฤติกรรม
การสร้าง
สิ่งมีชีวิต
วัฒนธรรม
ภัยพิบัติ
แรง
นักรบ
วีรสตรี
ฮีโร่
อมตภาพ
เขาวงกต
ตำนาน
วิเศษ
สัตว์ประหลาด
ยแร
ฟ้าผ่า
ฟ้าร้อง
แก้แค้น

11 - Medições

ก	ป	ผ	ะ	ภ	า	อ	ค	ข	บ	อ	ค	ป	ร	ต
◌ิ	อ	อ	น	ซ	◌์	ง	ไ	ว	ข	ไ	ณ	ะ	า	ซ
โ	ไ	ร	ถ	ต	ฟ	ศ	ล	ล	า	ต	บ	บ	ษ	ล
ล	ร	ก	◌ึ	ล	ม	า	ว	ค	ข	ม	ฟ	ต	แ	า
ก	ษ	น	ช	ณ	◌ั	ช	า	ห	ญ	ป	ส	บ	◌์	ส
ร	อ	◌ั	ค	ซ	ร	ถ	ย	น	า	ท	◌ี	◌ู	ข	ฟ
◌ั	ว	ห	อ	ไ	ก	ไ	ม	ร	บ	ษ	ญ	ศ	ง	า
ม	ไ	◌ำ	ฟ	ธ	ห	ง	า	◌้	ว	ก	ม	า	ว	ค
ม	ว	◌้	◌ิ	น	พ	ซ	ว	ท	ศ	น	◌ิ	ย	ม	ม
ฝ	ถ	น	ะ	ม	ไ	ท	ค	น	ณ	ญ	ช	ณ	ท	ว
เ	ซ	น	ต	◌ิ	เ	ม	ต	ร	ต	ม	เ	เ	แ	ล
ช	ล	◌ิ	ต	ร	เ	ต	ก	◌ิ	โ	ล	เ	ม	ต	ร
ณ	ไ	ผ	พ	ห	จ	ไ	◌ั	ธ	ณ	ข	ไ	แ	แ	ป
ษ	ล	ด	ญ	ญ	ธ	บ	บ	น	พ	ญ	ถ	ณ	ป	ฉ
ร	ะ	ด	◌ั	บ	เ	ส	◌ี	ย	ง	ฟ	ท	ง	ค	ก

ความสูง
ไบต์
เซนติเมตร
ความยาว
ทศนิยม
กรัม
องศา
ความกว้าง
ลิตร
มวล
เมตร
นาที
ออนซ์
น้ำหนัก
นิ้ว
ความลึก
กิโลกรัม
กิโลเมตร
ตัน
ระดับเสียง

12 - Álgebra

ด	ไ	ผ	ก	จ	◌็	ท	เ	ว	ป	ป	◌ั	ญ	ห	า
พ	ถ	ญ	ศ	ล	อ	ร	ช	ป	ง	ไ	ร	ว	ม	ไ
ภ	ก	บ	ห	ร	ซ	จ	◌ิ	ร	ศ	เ	ไ	ม	ต	พ
ส	ม	ก	า	ร	ข	ศ	ง	◌ิ	◌ู	ร	ล	ท	ม	น
ก	ซ	ก	า	ร	ล	บ	เ	ม	น	ค	ค	◌็	เ	เ
ต	ค	ฝ	แ	ฉ	เ	ข	ส	า	ย	ห	ณ	ไ	บ	ศ
ษ	ย	ง	ผ	ค	ว	ส	◌้	ณ	◌์	ญ	แ	ะ	ต	ษ
ท	ส	ส	น	ฟ	◌ั	เ	น	ท	แ	ว	◌ั	ต	◌ั	ส
ญ	◌ู	า	ภ	ซ	ต	อ	ม	แ	ะ	า	อ	ะ	ว	◌่
ท	ต	ร	า	ย	ค	ช	น	ต	ม	อ	แ	ญ	แ	ว
◌ำ	ร	ล	พ	ศ	ภ	เ	ไ	◌ั	ร	ศ	ม	ข	ป	น
น	ม	ะ	ผ	ฝ	ช	ท	ซ	ถ	น	◌ิ	ข	ธ	ร	ว
ถ	ต	ล	เ	ญ	แ	พ	ฉ	ห	ม	ต	ก	ญ	ฟ	แ
ษ	ศ	า	ส	า	บ	ช	ผ	ซ	ศ	ล	◌์	ซ	น	ภ
ค	ต	ย	จ	◌ั	จ	◌ั	ป	ท	ท	ญ	ข	จ	◌์	ย

แผนภาพ
สมการ
ตัวแทน
เท็จ
ปัจจัย
สูตร
เศษส่วน
อนันต์
เชิงเส้น
เมตริกซ์
ตัวเลข
วงเล็บ
ปัญหา
ปริมาณ
ทำ
สารละลาย
รวม
การลบ
ตัวแปร
ศูนย์

13 - Plantas

ป	◌่	า	ไ	ถ	ป	ฝ	ล	ด	บ	แ	ธ	ง	เ	ท
ซ	ร	ห	อ	ภ	◌ุ	ธ	ว	จ	เ	ญ	ร	ย	บ	แ
ง	ห	บ	ว	ผ	◌๋	ม	อ	ส	ส	◌์	อ	ศ	อ	ธ
ย	ญ	ร	◌ี	ว	ย	ส	◌์	เ	ต	ป	ย	ห	ร	ก
ณ	◌้	พ	◌่	ล	ไ	ไ	ร	ร	ฟ	ด	ด	ย	◌์	ร
ร	า	ม	ค	ท	ก	บ	ต	ใ	บ	ไ	ม	◌้	ร	ะ
ด	า	ร	อ	ล	ฟ	น	ส	ะ	ผ	บ	ฉ	ก	◌ี	บ
อ	ธ	ก	ณ	ศ	ภ	จ	า	า	◌่	บ	ข	ญ	◌่	อ
ก	พ	ด	ธ	ก	พ	ฟ	ศ	จ	ไ	จ	ถ	ล	อ	ง
ไ	◌ี	จ	ธ	ฟ	ท	ว	ษ	ต	◌้	น	ไ	ม	◌้	เ
ม	ช	ม	ซ	า	ใ	ไ	ก	ษ	ม	บ	ส	ว	น	พ
◌้	ษ	อ	ช	ศ	ง	พ	ฤ	ใ	ไ	น	ภ	◌่	ถ	ช
ค	ใ	ส	ม	◌ุ	น	ไ	พ	ร	ฉ	ก	ผ	◌ั	ถ	ร
ท	ฝ	ศ	ผ	บ	บ	ศ	ล	ช	จ	ง	ว	ถ	ฉ	ไ
ะ	ก	ป	พ	ป	ณ	ซ	ด	ซ	ภ	ศ	ส	น	ษ	ษ

บุช
ต้นไม้
เบอร์รี่
ไม้ไผ่
พฤกษศาสตร์
กระบองเพชร
สมุนไพร
ถั่ว
ปุ๋ย
ดอกไม้
ฟลอรา
ป่า
ใบไม้
หญ้า
ไอวี่
สวน
มอสส์
กลีบ
ราก
พืช

14 - Veículos

เ	ร	ท	ไ	ก	◌ุ	ท	ร	ร	บ	ถ	ร	เ	ห	แ
ค	ห	ถ	บ	ธ	ณ	อ	ญ	ถ	ภ	ณ	ษ	ร	ด	ท
ร	เ	ร	เ	ท	ย	ไ	ท	เ	พ	ะ	บ	◌ี	ร	◌็
◌ี	ร	ถ	ส	ม	เ	เ	เ	ค	ฉ	ย	แ	อ	ฝ	ก
◌่	◌ี	ไ	ก	ผ	ล	ะ	ฮ	ร	ม	บ	า	ภ	ก	ซ
อ	อ	ฟ	◌ู	ะ	ร	◌์	ล	◌ี	ผ	ภ	ธ	บ	น	◌ี
ง	ข	ไ	◌๊	ว	ถ	ช	◌ิ	◌่	ษ	ผ	ภ	ว	า	◌่
ย	◌้	ต	ต	ศ	ศ	ล	ค	อ	ด	ล	ธ	ด	ถ	ล
น	า	◌้	เ	บ	ซ	ฉ	อ	ง	า	ย	จ	เ	ด	เ
ต	ม	ด	ต	ด	ช	พ	ป	บ	ก	เ	ร	ไ	ย	า
◌์	ฟ	◌ิ	อ	ย	แ	ป	เ	◌ิ	จ	ร	ว	ส	ฝ	จ
ย	า	น	ร	ก	ก	พ	ต	น	ต	บ	ด	ช	ว	ษ
ภ	ก	อ	◌์	ะ	ศ	ป	อ	จ	◌ั	ก	ร	ย	า	น
◌ำ	น	◌้	◌ำ	ด	อ	◌ี	ร	เ	ก	ร	ะ	ส	ว	ย
ญ	ะ	ญ	ว	ห	ษ	ภ	◌์	ค	า	ร	า	ว	า	น

รถพยาบาล
เครื่องบิน
เรือข้ามฟาก
เรือ
จักรยาน
รถบรรทุก
คาราวาน
รถ
จรวด
เฮลิคอปเตอร์
แพ
สกู๊ตเตอร์
รถไฟใต้ดิน
เครื่องยนต์
รถเมล์
ยาง
เรือดำน้ำ
แท็กซี่
กระสวย

15 - Engenharia

เ	ค	ศ	ก	ก	ฝ	ฝ	ฟ	ศ	ภ	ะ	แ	เ	ฝ	ษ
ง	ค	ว	ล	ห	เ	ง	อ	ข	ฉ	ต	ร	ค	ฟ	พ
ม	ฉ	ร	า	ท	ฝ	ง	า	◌้	ร	ส	ง	ร	ค	โ
◌ิ	ข	ก	◌ื	ม	◌ุ	ม	ย	ต	ค	ณ	ค	◌ี	ก	พ
ต	ส	า	ฝ	◌่	ล	บ	ษ	ไ	◌ั	ฝ	น	◌่	า	ล
◌ิ	แ	ณ	ส	น	อ	◌ื	ธ	พ	น	ค	◌่	อ	ร	◌ั
ภ	ล	ล	ต	ภ	ป	ง	ก	า	โ	ห	◌ั	ง	ก	ง
ด	ผ	ฟ	ท	บ	ภ	ษ	ย	ภ	ย	น	ม	จ	◌่	ง
◌ั	◌ี	ท	เ	ศ	ฝ	ฟ	ถ	น	ก	แ	ม	◌ั	อ	า
ว	ม	เ	ไ	จ	ว	พ	ฉ	ผ	ต	ญ	า	ก	ส	น
ร	ธ	พ	ซ	า	ต	แ	ฟ	แ	ว	◌์	ว	ร	ร	า
า	ม	ณ	ม	ล	ล	ท	ส	เ	ด	ฟ	ค	ถ	◌้	ม
ก	แ	ร	ง	เ	ส	◌ี	ย	ด	ท	า	น	ธ	า	ถ
ก	า	ร	ค	◌ำ	น	ว	ณ	ฉ	ฉ	ไ	ป	ว	ง	ต
แ	ร	ง	ข	◌ั	บ	ก	า	ร	ก	ร	ะ	จ	า	ย

คันโยก
แรงเสียดทาน
มุม
การคำนวณ
การก่อสร้าง
แผนภาพ
ดีเซล
มิติ
การกระจาย
แกน

พลังงาน
ความมั่นคง
โครงสร้าง
แรง
ของเหลว
เครื่องจักร
การวัด
เครื่องยนต์
ความลึก
แรงขับ

16 - Restaurante # 2

น	อ	◌้	ช	พ	พ	ม	อ	◌้	ส	ฉ	ห	ผ	ธ	ธ
ช	◌้	น	◌็	ย	เ	ร	า	ห	า	อ	◌ื	ล	ก	เ
ฉ	ภ	◌ำ	ซ	◌ุ	ป	อ	ห	ง	บ	บ	เ	ไ	ว	น
ะ	ถ	ข	แ	จ	แ	ผ	า	ณ	ด	ไ	ญ	ม	ด	ว
ช	พ	ช	ง	ข	ศ	ญ	ร	ไ	ไ	ข	◌่	◌้	ผ	ล
อ	ร	◌่	อ	ย	◌็	ไ	ก	ป	ล	า	ง	บ	เ	ย
◌ี	บ	ต	ช	ช	ย	ง	ล	ป	ษ	น	ด	บ	ม	ช
◌้	ร	ง	แ	ว	ห	บ	า	เ	ค	◌้	ก	◌ั	ผ	ง
า	◌ิ	ม	ร	น	อ	ร	ง	ธ	ข	ก	ฝ	ช	ล	ล
◌้	ก	ะ	ญ	ญ	ศ	ะ	ว	ฟ	ข	า	ม	ไ	า	ส
ก	ร	บ	ญ	ง	แ	ถ	◌ั	ก	ธ	า	ต	ฉ	ธ	ง
เ	ะ	แ	ต	ฉ	ข	ท	น	ฝ	ฟ	า	อ	ศ	ว	ฟ
ก	◌๋	ว	ย	เ	ต	◌ี	◌๋	ย	ว	ป	ท	น	ต	น
เ	ค	ร	◌ื	◌่	อ	ง	ด	◌ื	◌่	ม	ธ	ด	◌้	ภ
เ	ค	ร	◌ื	◌่	อ	ง	เ	ท	ศ	ฝ	ช	อ	ล	◌ำ

อาหารกลางวัน
น้ำ
เครื่องดื่ม
เค้ก
เก้าอี้
ช้อน
อร่อย
เครื่องเทศ
ผลไม้
บริกร
ส้อม
น้ำแข็ง
อาหารเย็น
ผัก
ก๋วยเตี๋ยว
ไข่
ปลา
เกลือ
สลัด
ซุป

17 - Países #2

ไ	ย	ซ	ร	ย	ถ	ร	ต	ล	ผ	ป	ช	ห	อ	เ
อ	า	◌ู	ร	ก	ภ	ภ	ย	ษ	ญ	ภ	น	ป	◌ิ	ม
ร	ส	ศ	เ	ง	◌่	◌ั	ร	ฝ	ห	ะ	ฉ	ร	น	◌็
◌์	ง	า	พ	ค	ง	ฝ	◌ี	ะ	ท	ศ	ง	ส	โ	ก
แ	ะ	น	ญ	ย	ร	◌ี	เ	◌ี	จ	น	ไ	ข	ด	ซ
ล	ง	อ	ถ	◌ี	ล	น	◌ี	ซ	ท	ศ	ย	เ	น	◌ิ
น	จ	น	ซ	ล	◌่	ช	ซ	ไ	ส	อ	◌ู	ฮ	◌ี	โ
ด	ว	า	ล	เ	จ	ป	ฝ	เ	พ	ป	ก	ต	เ	ก
◌์	ะ	บ	ไ	า	ศ	ผ	◌ุ	า	า	า	◌ั	◌ิ	ซ	◌์
ผ	ว	ล	ไ	ม	ป	ผ	ว	◌่	ช	ก	น	ร	◌ี	ร
ว	ฉ	เ	ฉ	ซ	ก	ไ	ช	แ	น	◌ี	ด	ถ	ย	า
ก	ร	◌ี	ซ	โ	ฝ	◌้	า	จ	ผ	ส	า	ถ	ไ	ม
ร	◌ั	ส	เ	ซ	◌ี	ย	า	จ	ข	ถ	บ	ญ	ย	น
แ	อ	ล	เ	บ	เ	น	◌ี	ย	ล	า	ป	น	เ	ด
ไ	แ	ค	พ	ธ	ว	ง	ว	ฟ	ด	น	ผ	ง	ข	เ

แอลเบเนีย
เดนมาร์ก
ฝรั่งเศส
กรีซ
เฮติ
อินโดนีเซีย
ไอร์แลนด์
จาไมก้า
ญี่ปุ่น
ลาว
เลบานอน
เม็กซิโก
เนปาล
ไนจีเรีย
ปากีสถาน
รัสเซีย
ซีเรีย
โซมาเลีย
ยูเครน
ยูกันดา

18 - Cozinha

ง	ว	ป	ต	ก	ร	แ	ย	ส	ท	ฟ	ร	ศ	ด	า
ห	จ	ไ	ญ	ม	า	ช	ไ	◌้	◌ั	อ	ช	ห	ย	ผ
ส	ต	ร	ร	ร	◌ี	ต	ม	อ	พ	ง	ะ	า	เ	◌้
เ	ห	ย	◌ี	อ	ก	ด	◌้	ม	พ	น	ย	ส	ซ	า
พ	ฝ	ต	ส	ซ	ะ	ห	ะ	ม	◌ี	◌้	อ	แ	ม	ก
ส	◌ู	ต	ร	อ	า	ห	า	ร	น	◌ำ	แ	ช	พ	◌ั
ผ	◌้	า	เ	ช	◌็	ด	ป	า	ก	◌้	ษ	ด	ว	น
เ	ต	า	อ	บ	ช	ถ	พ	ฟ	ง	ส	◌ำ	จ	แ	เ
ต	ม	ฝ	า	ช	ล	ท	ณ	ท	ย	ภ	ภ	ต	ล	ป
ถ	◌้	ว	ย	ย	◌่	า	ง	พ	ษ	ฉ	ป	◌ู	ซ	◌ี
ต	ะ	เ	ก	◌ี	ย	บ	ล	ฝ	ห	เ	ต	◌้	ช	◌้
ก	ฝ	แ	ศ	ท	เ	ง	อ	◌่	◌ี	ร	ค	เ	◌้	อ
ะ	◌ิ	ศ	จ	ฟ	ต	ส	ช	ศ	อ	ช	ผ	ย	อ	น
ภ	ข	น	ข	บ	ภ	ป	ล	จ	แ	ร	แ	◌็	น	ป
ฟ	ะ	ภ	ณ	แ	ผ	ป	เ	ด	ก	ป	ร	น	ธ	ศ

ผ้ากันเปื้อน
กาต้มน้ำ
ช้อน
กิน
ทัพพี
ถ้วย
เครื่องเทศ
ฟองน้ำ
มีด
เตาอบ
ส้อม
ตู้เย็น
ย่าง
ผ้าเช็ดปาก
เหยือก
ตะเกียบ
สูตรอาหาร
ชาม

19 - Material de Arte

เ	ธ	ผ	บ	ถ	พ	ฟ	ภ	ไ	ร	ป	ช	ข	ช	พ
ว	ค	น	◌้	◌ำ	ม	◌ั	น	ป	ญ	ผ	ร	ช	บ	ช
ภ	บ	ล	ง	า	ย	ผ	ษ	ซ	ช	ง	ฟ	พ	ต	ว
ศ	ภ	ฟ	ย	น	พ	ไ	ะ	ต	อ	ผ	ม	ม	อ	ด
ะ	ภ	ศ	ศ	◌์	จ	ไ	ย	ช	ภ	ป	ม	ก	ช	ต
ห	ท	ษ	ศ	ษ	อ	ค	ง	ไ	เ	ว	จ	ญ	พ	ว
จ	ษ	ข	ล	ร	ท	เ	ะ	อ	◌ี	◌้	า	◌้	ก	เ
ศ	ก	ก	า	ว	ภ	ด	ไ	ะ	◌๊	ต	โ	ญ	ไ	ก
พ	ง	ร	ป	แ	ง	◌ิ	ภ	ค	จ	ล	ท	ญ	ห	ผ
ฝ	◌้	ธ	ะ	ไ	ย	น	ะ	ร	ง	ฉ	ธ	ภ	ณ	อ
ถ	◌ั	ศ	ไ	ด	◌ี	ส	ภ	◌ิ	ห	ม	◌ึ	ก	ษ	ห
ษ	ต	พ	อ	ษ	า	อ	ฉ	ล	ต	ถ	ง	ง	ก	ฉ
ก	า	ข	ง	ย	น	ษ	ม	◌ิ	ส	◌ี	น	◌้	◌ำ	จ
ง	ข	ล	ง	อ	◌้	ล	ก	ค	ข	า	ถ	◌่	า	น
ไ	ท	ย	ข	พ	◌ำ	เ	ห	เ	ต	ซ	พ	พ	ธ	า

อะคริลิค
ยางลบ
สีน้ำ
เคลย์
น้ำ
เก้าอี้
ถ่าน
ขาตั้ง
กล้อง
กาว
สี
แปรง
ดินสอ
โต๊ะ
น้ำมัน
กระดาษ
พาส
หมึก

20 - Números

เ	ช	ด	จ	◌็	เ	บ	◌ิ	ส	พ	เ	ะ	ข	ค	ย
ส	จ	ฟ	ฝ	เ	ส	ก	ห	จ	ส	จ	ภ	ซ	ไ	อ
ญ	◌ิ	◌็	ล	แ	อ	ง	◌้	ว	า	น	ก	ห	เ	ด
ณ	ะ	บ	ด	ป	ง	ซ	ษ	า	ม	า	ส	บ	◌ิ	ส
ไ	ม	ณ	ป	ด	ส	◌ิ	บ	ห	ก	ฝ	ไ	ส	ป	อ
ต	ส	ล	แ	ห	น	◌ึ	◌่	ง	บ	จ	แ	◌ิ	ก	ห
ฟ	อ	ส	บ	ส	ส	◌ิ	บ	ส	◌ี	◌่	จ	◌่	ช	ส
ธ	ส	◌ิ	◌ิ	◌ิ	ศ	◌ู	น	ย	◌์	◌ี	จ	◌ี	ห	บ
ม	ฟ	บ	ส	บ	ผ	ธ	แ	ถ	อ	ส	ล	ย	ร	ษ
ค	ม	ส	บ	ห	ท	ศ	น	◌ิ	ย	ม	ห	ษ	ร	ว
ญ	ต	อ	ธ	◌้	ส	ส	ง	ก	ก	ต	◌้	ฝ	ฉ	ณ
ษ	ษ	ง	ม	า	จ	ธ	ถ	ะ	ล	พ	า	ต	ล	ะ
ล	พ	จ	ซ	ฟ	ผ	ภ	า	ษ	ธ	ม	จ	จ	ว	า
ญ	ะ	ด	ไ	ะ	ผ	ศ	ย	ฝ	พ	ม	แ	ค	ธ	ผ
ช	ส	จ	เ	ม	ฟ	ค	ะ	ง	บ	ด	ย	ป	ะ	พ

ห้า
ทศนิยม
สิบ
สิบหก
สิบเจ็ด
สิบแปด
สอง
สิบสอง
เก้า
แปด

สิบสี่
สี่
สิบห้า
หก
เจ็ด
สิบสาม
สาม
หนึ่ง
ยี่สิบ
ศูนย์

21 - Física

ก	ล	ฝ	ล	ไ	ฟ	ณ	ท	แ	ะ	ค	อ	เ	ค	อ
ล	ฝ	ถ	ว	ง	ธ	ผ	ไ	ณ	ย	เ	น	ฟ	ว	◌ิ
ศ	ส	◌ั	ม	พ	◌ั	ท	ธ	ภ	า	พ	◌ุ	จ	า	เ
า	ก	แ	ก	อ	ม	อ	ข	แ	ว	ย	ภ	น	ม	ล
ส	า	ก	ย	พ	ต	ท	บ	ร	น	ญ	า	◌ิ	ห	◌็
ต	ร	◌๊	ไ	พ	จ	ะ	น	ง	◌่	ส	ค	ว	น	ก
ร	ข	ส	เ	ค	ม	◌ี	อ	โ	◌ุ	◌ู	แ	เ	า	ต
◌์	ย	จ	ศ	ล	น	ร	ถ	น	ว	ต	ม	ค	แ	ร
ะ	า	ส	ค	ข	ผ	ส	โ	◌้	ม	ร	◌่	ล	น	อ
ไ	ย	ค	า	ช	ป	ป	ม	ม	า	ฉ	เ	◌ี	◌่	น
ฉ	ต	อ	ป	ก	ก	น	เ	ถ	ว	ห	ห	ย	น	จ
ง	◌ั	อ	ฟ	พ	ล	ร	ล	◌่	ค	ซ	ล	ร	ด	ด
ข	ว	ญ	ห	น	ง	ภ	ก	ว	ป	เ	◌็	◌์	า	ไ
ค	ว	า	ม	ถ	◌ี	◌่	◌ุ	ง	ถ	พ	ก	จ	บ	ท
ช	า	ไ	ก	พ	น	ฉ	ล	า	ษ	ท	อ	แ	บ	ะ

อะตอม
ความวุ่นวาย
ความหนาแน่น
อิเล็กตรอน
การขยายตัว
สูตร
ความถี่
แก๊ส
แรงโน้มถ่วง
แม่เหล็ก
มวล
กลศาสตร์
โมเลกุล
นิวเคลียร์
อนุภาค
เคมี
สัมพัทธภาพ
สากล

22 - Especiarias

ผ	แ	ห	ช	ะ	เ	อ	ม	เ	ท	ศ	ษ	ธ	ท	น
ง	ห	น	ว	ป	ข	ม	ฟ	ฟ	ม	ธ	ะ	เ	ต	โ
ย	◌ั	◌ั	ภ	า	เ	ศ	ว	ไ	น	ฉ	ซ	พ	น	ป
◌ี	ว	ท	ค	า	น	า	ว	ะ	ร	ก	ห	ข	ฟ	◌๊
◌่	ห	เ	ะ	ย	ไ	ฟ	ะ	ร	ส	ช	า	ต	◌ิ	ย
ห	อ	ม	เ	ม	◌็	ด	ย	◌ี	◌่	ห	ร	◌่	า	ก
ร	ม	◌็	จ	ษ	ห	ห	ะ	ว	เ	ฉ	ค	ญ	เ	◌ั
◌่	ง	ก	แ	จ	ส	แ	ญ	ป	เ	ว	อ	ผ	ก	◌๊
า	บ	ก	ย	เ	ล	ว	ย	◌้	◌ี	ร	ป	เ	ล	ก
ฉ	ท	ส	ท	ช	ป	น	อ	พ	า	ก	จ	ส	◌ื	แ
ธ	ท	ล	ไ	ย	ฉ	◌ิ	ซ	ภ	ก	ฝ	พ	ต	อ	ษ
อ	ผ	◌ั	ก	ช	◌ี	ล	ภ	ฟ	จ	แ	ร	บ	ก	ท
ร	ไ	ไ	◌ิ	เ	ย	า	ต	ค	น	ว	ณ	◌ั	ฝ	ไ
ซ	ค	ไ	ร	บ	ไ	อ	แ	บ	ช	ข	◌ิ	ง	◌่	ย
แ	ม	บ	พ	อ	ก	ร	ะ	เ	ท	◌ี	ย	ม	อ	น

หญ้าฝรั่น
ชะเอมเทศ
กระเทียม
ขม
โป๊ยกั๊ก
เปรี้ยว
วนิลา
อบเชย
กระวาน
แกง
หัวหอม
ผักชี
ผงยี่หร่า
หวาน
เม็ดยี่หร่า
ขิง
นัทเม็ก
พริกไทย
รสชาติ
เกลือ

23 - Países #1

ว	ว	ฟ	โ	อ	อ	ต	พ	ศ	า	น	ช	แ	ก	ฉ
ธ	ก	◌ิ	ม	ข	◌ิ	◌ี	ถ	ค	ข	เ	ล	ค	◌ั	จ
ย	◌ั	น	ร	ฟ	ก	ร	ย	ร	ษ	ภ	ฉ	น	ม	ย
ธ	า	แ	◌็	ถ	ม	แ	◌ั	◌ิ	ไ	ย	ส	า	พ	ค
ธ	ร	ล	อ	ห	ไ	ษ	ญ	ก	ป	ก	ธ	ด	◌ู	ช
◌์	า	น	ค	ด	ไ	ซ	ล	ษ	ไ	ต	ช	า	ช	อ
ร	ก	ด	โ	ะ	ช	ะ	บ	ซ	อ	ช	◌์	ฝ	า	◌ิ
อ	◌ิ	◌์	ค	ไ	ข	ร	◌ี	น	ม	ร	อ	ย	เ	ต
ด	น	อ	ร	◌์	เ	ว	ย	◌์	า	ศ	ด	ด	เ	า
า	ผ	ฝ	ล	ร	ท	ค	ไ	อ	ล	ม	ย	◌ี	แ	ล
ว	โ	ป	แ	ล	น	ด	◌์	ย	◌ี	ช	า	เ	ง	◌ี
ก	ล	เ	ศ	ข	ป	ช	ท	ษ	ฝ	น	ะ	น	ฉ	เ
อ	◌ิ	ส	ร	า	เ	อ	ล	ะ	ค	ภ	ธ	◌ิ	า	เ
เ	ไ	ย	น	ภ	ส	ห	ซ	ฉ	ฝ	ฝ	ศ	อ	น	ป
บ	ร	า	ซ	◌ิ	ล	◌ั	ก	น	เ	ซ	เ	ต	เ	ด

เยอรมนี
บราซิล
กัมพูชา
แคนาดา
อียิปต์
เอกวาดอร์
สเปน
ฟินแลนด์
อิรัก
อิสราเอล
อิตาลี
อินเดีย
มาลี
โมร็อคโค
นิการากัว
นอร์เวย์
ปานามา
โปแลนด์
เซเนกัล

24 - A Mídia

ญ	า	ม	ฟ	ป	เ	ก	ล	เ	ซ	ษ	ภ	ย	แ	ด
แ	ซ	ต	ช	ข	น	ต	◌ิ	ค	น	ศ	◌ั	ท	ม	◌ิ
ส	ต	◌ิ	ป	◌ั	ญ	ญ	า	ร	ค	ว	ส	ไ	ร	จ
ก	า	ร	ศ	◌ึ	ก	ษ	า	◌ี	ส	◌ุ	เ	ด	ร	◌ิ
ง	ร	◌ิ	จ	จ	ท	◌็	เ	อ	◌้	ข	บ	ท	ก	ท
ว	ก	พ	ส	ไ	ภ	ญ	บ	ข	ะ	ล	◌ั	ย	ห	◌ั
◌ิ	ถ	ว	ส	พ	เ	ฝ	ย	◌่	ะ	ต	บ	ย	า	ล
ท	ก	ย	น	◌็	ห	เ	ม	า	ว	ค	ฉ	ง	ส	ร
ย	ส	ด	พ	ป	เ	ย	า	ย	ท	ง	ต	จ	ต	ศ
◌ุ	ท	◌้	อ	ง	ถ	◌ิ	◌่	น	า	◌ุ	อ	ค	◌ุ	ถ
ก	า	ร	ส	◌ื	◌่	อ	ส	า	ร	◌่	น	ข	อ	ผ
แ	ส	า	ธ	า	ร	ณ	ะ	ผ	ไ	อ	ถ	ษ	พ	ญ
ห	น	◌ั	ง	ส	◌ื	อ	พ	◌ิ	ม	พ	◌์	พ	ล	ไ
อ	อ	น	ไ	ล	น	◌์	ม	ง	ฉ	ร	ร	ภ	า	พ
ไ	ฟ	น	◌์	ศ	◌ั	ท	ร	ท	โ	ฆ	ษ	ณ	า	ภ

ทัศนคติ
โฆษณา
การสื่อสาร
ดิจิทัล
ฉบับ
การศึกษา
ข้อเท็จจริง
ทุน
ภาพถ่าย
รายบุคคล
อุตสาหกรรม
สติปัญญา
หนังสือพิมพ์
ท้องถิ่น
ออนไลน์
ความเห็น
สาธารณะ
วิทยุ
เครือข่าย
โทรทัศน์

25 - Casa

ซ	ง	า	ต	◌่	า	◌้	น	ห	ต	ป	ต	ษ	พ	ค
เ	ฟ	อ	ร	◌์	น	◌ิ	เ	จ	อ	ร	◌์	ป	โ	ร
ก	บ	ห	◌้	ท	ย	ก	ข	บ	ผ	ฉ	พ	ร	ร	◌ั
ฝ	ร	ก	◌้	ห	ไ	ญ	แ	ไ	◌้	ผ	ร	ะ	ง	ว
ก	อ	ะ	ป	อ	ผ	ค	จ	ไ	า	ว	ม	ต	ร	◌้
ภ	ห	แ	จ	แ	ง	ถ	ง	ญ	ม	ส	เ	◌ู	ถ	◌ั
ก	◌๊	อ	ก	ก	เ	ไ	เ	ว	◌่	ะ	ส	ะ	ฝ	ร
อ	ห	ศ	อ	ม	ต	ค	ต	◌ำ	า	อ	ช	ไ	ล	ม
ส	ท	ฉ	ซ	ส	า	◌ี	า	◌้	น	บ	ม	ซ	ช	พ
ฉ	ศ	ป	ด	ต	ผ	ย	ไ	น	ห	ภ	ผ	ภ	ษ	เ
ซ	ก	ช	น	บ	◌ิ	◌์	ษ	บ	ด	ล	ผ	น	◌ั	ง
ส	ว	น	า	ส	ง	ป	ะ	า	ศ	บ	◌ั	จ	แ	ษ
ก	เ	ษ	ด	ม	◌ุ	ส	ง	อ	◌้	ห	ห	ง	ษ	ด
ซ	ณ	ด	พ	ไ	ม	◌้	ก	ว	า	ด	ท	ไ	ค	ซ
ด	ด	ะ	เ	เ	ไ	ษ	ฝ	ซ	ง	ฉ	ต	บ	ข	า

ห้องสมุด
รั้ว
คีย์
อาบน้ำ
ผ้าม่าน
ครัว
กระจก
โรงรถ
หน้าต่าง
สวน
เตาผิง
เฟอร์นิเจอร์
ผนัง
ประตู
ห้อง
ห้องใต้หลังคา
พรม
เพดาน
ก๊อก
ไม้กวาด

26 - Vegetais

ฟ	ด	◌็	ห	เ	ป	ป	พ	า	แ	ซ	ณ	ร	ะ	ฝ
ช	◌ั	ช	น	พ	ห	ม	ธ	ม	ม	ต	ถ	ด	แ	ณ
ไ	ล	ก	ม	ะ	เ	ข	◌ี	อ	◌ั	ม	ง	◌ั	ฝ	ข
ง	ส	น	ท	ม	น	โ	ค	ห	น	ะ	ร	ก	◌่	ฟ
ง	ฟ	ท	อ	อ	แ	ก	ต	ม	ฝ	เ	◌ั	ะ	ว	ว
อ	ค	ต	ร	ห	ง	◌ั	ช	ไ	ร	ข	◌่	ญ	ค	า
บ	ห	ป	ค	ว	ร	ผ	ถ	ล	◌ั	◌ี	ฝ	ข	ไ	ท
ร	ง	ร	แ	◌ั	ซ	ศ	ล	แ	◌่	อ	ช	◌ื	า	◌้
อ	ซ	บ	ห	ห	ไ	ล	ค	ท	ง	เ	◌ี	◌้	ษ	เ
ก	ห	◌ั	ว	ผ	◌ั	ก	ก	า	ด	ท	ก	น	ซ	ช
โ	ก	ร	ะ	เ	ท	◌ี	ย	ม	อ	ศ	◌ั	ฉ	เ	ไ
ค	ช	◌๊	โ	◌ิ	ต	า	อ	ศ	ษ	ว	ผ	◌่	ฝ	ว
ล	ช	ถ	ไ	ข	ซ	จ	บ	อ	ล	แ	ผ	า	ญ	◌ั
◌ี	น	ย	แ	◌ิ	ถ	ร	บ	ฝ	ฟ	ข	ย	ย	ป	ห
ไ	ท	บ	ส	ง	ศ	บ	ฟ	ไ	ป	ย	อ	ฉ	ซ	ด

ฟักทอง
ขึ้นฉ่าย
อาติโช๊ค
กระเทียม
มันฝรั่ง
มะเขือ
บรอกโคลี
หัวหอม
แครอท
หอม
เห็ด
ถั่ว
ผักโขม
ขิง
หัวผักกาด
แตงกวา
หัวไชเท้า
สลัด
ผักชีฝรั่ง
มะเขือเทศ

27 - Balé

ก	ง	า	ท	า	◌่	ท	ล	ภ	ช	แ	ศ	เ	แ	ว
ค	ล	เ	ด	◌ี	◌่	ย	ว	ผ	ถ	ศ	◌ิ	ท	ท	ง
ว	พ	◌้	ญ	ซ	ด	ท	อ	ฉ	ค	ธ	ล	ค	◌ั	ด
า	เ	ช	า	ป	ญ	ง	ษ	ร	ผ	า	ป	น	ก	น
ม	ง	า	ก	ม	า	ง	า	◌่	ง	ส	ะ	◌ิ	ษ	ต
เ	ต	ผ	ห	อ	เ	ข	ะ	ม	ป	ฟ	ไ	ค	ะ	ร
ข	◌่	ษ	◌ู	ห	ธ	น	ต	◌้	เ	ก	◌ั	น	บ	◌ี
◌้	แ	ค	ต	◌้	ศ	ภ	◌ี	ธ	ง	ส	บ	ว	ไ	ไ
ม	ก	ซ	ช	ห	ช	ฉ	ป	◌้	จ	◌ั	ง	ห	ว	ะ
ข	◌ั	ร	◌้	ธ	ส	ม	ฝ	ก	อ	อ	ง	ด	ส	แ
◌้	น	◌ู	ณ	อ	ม	◌ี	บ	ร	ป	ง	ย	◌ี	ส	เ
น	ถ	ป	ช	แ	ม	บ	เ	ไ	แ	ป	ข	พ	ส	แ
ง	ธ	แ	ม	ก	ว	ฟ	ค	ม	ว	ฟ	ไ	ว	ต	ฟ
ด	ช	บ	ง	ก	ฟ	ด	น	ต	ร	◌ี	ล	ท	ก	ต
ญ	ก	บ	ผ	ป	ษ	ไ	จ	ณ	ร	ก	ต	ล	ช	ไ

เสียงปรบมือ
ศิลปะ
นักแต่งเพลง
นักเต้น
ซ้อม
รูปแบบ
แสดงออก
ท่าทาง
สง่างาม
ทักษะ
ความเข้มข้น
กล้ามเนื้อ
ดนตรี
วงดนตรี
ผู้ชม
จังหวะ
เดี่ยว
เทคนิค

28 - Adjetivos #1

ด	ศ	ด	ว	ม	ห	◌์	น	◌่	ส	เ	◌ี	ม	ย	ญ
ศ	◌ิ	ล	ป	ะ	จ	ษ	ม	ม	ญ	ม	ถ	◌ี	บ	ย
ท	จ	ช	ซ	เ	อ	ม	ต	ห	ไ	ห	ง	ด	ภ	ไ
เ	ณ	ต	ว	อ	ฟ	จ	ข	ใ	ญ	ข	ใ	ต	ส	จ
ย	บ	ท	ท	ล	ฉ	แ	ท	ก	ซ	ด	ฟ	ท	◌ำ	แ
ส	◌์	า	ธ	◌ื	น	ท	◌ั	ล	ผ	า	ง	ะ	ค	น
อ	ต	ต	อ	ก	ก	ซ	น	ป	ช	◌้	า	เ	◌ั	◌่
ข	ว	ฉ	ส	ล	◌ั	ซ	ส	แ	ส	ล	◌้	ย	ญ	น
ห	ย	า	ก	◌ั	น	ห	ม	ษ	ม	น	ว	อ	ข	อ
ง	ห	ผ	ณ	บ	อ	ภ	◌ั	ะ	บ	ว	ก	ท	ะ	น
ฉ	เ	อ	น	ย	◌ี	◌่	ย	ข	◌ู	ฟ	จ	ะ	ศ	ห
ห	ธ	ะ	ม	ม	ม	ท	◌ี	ภ	ร	ง	ใ	ย	พ	ธ
ม	◌ี	ค	◌่	า	ห	ณ	ค	ซ	ณ	ว	ม	า	ว	น
ไ	ว	ศ	น	า	เ	ถ	ร	ช	◌์	ญ	ษ	น	ถ	ข
จ	ร	◌ิ	ง	จ	◌ั	ง	า	บ	แ	ณ	ญ	ห	ร	ช

แน่นอน
ทะเยอทะยาน
หอม
ศิลปะ
มีเสน่ห์
ใหญ่
มืด
แปลกใหม่
บาง
ใจกว้าง

ซื่อสัตย์
เหมือนกัน
สำคัญ
ช้า
ลึกลับ
ทันสมัย
สมบูรณ์
หนัก
จริงจัง
มีค่า

29 - Insetos

ผ	ด	พ	ฉ	ไ	ถ	ง	จ	ถ	น	า	ฉ	ศ	น	ม
ี	เ	ต	ย	จ	ฝ	ค	ั	เ	ต	่	า	ท	อ	ง
้	ว	ช	่	พ	ห	ฉ	ก	ไ	ต	ข	ต	ช	น	ก
ง	ว	้	ด	อ	อ	ค	จ	ม	ผ	อ	ข	ล	ห	ง
แ	ม	ล	ง	ส	า	บ	ั	อ	อ	ก	า	ม	ซ	แ
ล	จ	ร	แ	า	ง	เ	่	ด	ผ	า	ซ	ฟ	ณ	ต
ล	ป	ย	ท	ก	ฟ	ม	น	ต	แ	ก	๊	ั	ต	น
ส	ก	ย	ค	ล	เ	ค	ถ	ข	ไ	ม	ด	ผ	ไ	แ
แ	ย	้	ป	ษ	ซ	ฉ	แ	ะ	ย	ช	ย	ล	เ	ต
ช	ม	ี	ค	ล	ถ	ไ	เ	ฝ	ป	ณ	ณ	ฝ	เ	น
ป	ย	ล	ซ	เ	ว	ด	เ	ห	็	บ	ช	ธ	ด	ด
อ	ธ	พ	ง	ศ	พ	ก	ร	ผ	ส	ร	ช	ช	ง	ง
บ	า	เ	ง	ป	ผ	ี	เ	ส	ี	้	อ	ธ	ฟ	ด
ณ	ซ	อ	ณ	น	อ	อ	่	ว	ั	ต	ะ	ข	ล	ถ
ย	ุ	ง	ภ	พ	ญ	ม	ษ	ช	ญ	ผ	ฉ	ช	ษ	ญ

ผึ้ง
แมลงสาบ
ด้วง
ผีเสื้อ
จักจั่น
ปลวก
มด
ตั๊กแตน
เต่าทอง
ตัวอ่อน
แมลงปอ
กงแตนแตน
มอด
หนอน
ยุง
เห็บ
เพลี้ย
ต่อ

30 - Psicologia

บ	ย	ท	ป	ว	พ	ก	ค	ว	า	ม	ค	◌ิ	ด	ภ
◌ุ	ฟ	อ	ร	ฉ	ก	น	า	ต	ต	◌ั	อ	ย	ส	ธ
ค	ไ	ณ	ะ	เ	า	◌ิ	อ	ร	ง	ป	ธ	ส	ก	ก
ล	จ	ซ	ส	ณ	ร	◌ิ	ค	ก	ร	ข	◌ั	บ	ร	จ
◌ิ	◌ิ	ฉ	บ	ง	ป	ล	ว	า	◌ิ	◌ั	ภ	ญ	ล	ไ
ก	ต	อ	ก	ย	ร	ค	า	ร	จ	จ	บ	ม	ห	บ
ภ	ไ	า	า	◌้	ะ	ไ	ม	บ	น	ร	ห	ร	ย	า
า	ต	ร	ร	แ	เ	ฟ	ฝ	◌ำ	◌็	ว	อ	ร	◌ู	อ
พ	◌้	ม	ณ	ด	ม	ไ	◌ั	บ	ป	◌ั	◌ิ	ก	ด	◌้
ด	ส	ณ	◌์	◌ั	◌ิ	ฝ	น	◌ั	เ	ย	ท	◌ิ	ถ	ซ
ญ	◌ำ	◌์	ถ	ข	น	ถ	ช	ด	ม	เ	ธ	ต	ด	ข
ซ	น	ไ	ห	ม	ด	ส	ต	◌ิ	า	ด	◌ิ	ฤ	ธ	ษ
ช	◌ื	ม	ร	า	บ	ท	ย	ษ	ว	◌็	พ	พ	ง	ธ
ฝ	ก	ไ	บ	ว	ต	ว	ห	ย	ค	ก	ล	ข	ภ	ภ
ฝ	อ	ณ	อ	ค	ก	า	ร	น	◌ั	ด	ห	ม	า	ย

การประเมิน
คลินิก
พฤติกรรม
การนัดหมาย
ความขัดแย้ง
อัตตา
อารมณ์
ประสบการณ์
หมดสติ
วัยเด็ก
อิทธิพล
ความคิด
การรับรู้
บุคลิกภาพ
ปัญหา
ความเป็นจริง
ความฝัน
จิตใต้สำนึก
การบำบัด

31 - Paisagens

ช	ท	อ	ซ	ฝ	ฟ	ไ	เ	น	◌ิ	น	เ	ข	า	ธ
โ	ม	ะ	ล	ล	ย	ช	เ	ช	ศ	อ	แ	ล	ห	า
ฝ	อ	ส	เ	ไ	ฝ	ม	ฟ	ต	ห	า	ม	อ	ภ	ร
แ	ศ	เ	ค	ล	ซ	ถ	ห	บ	◌ึ	ง	◌่	จ	◌ู	น
ง	อ	ะ	อ	ฟ	ท	ง	ว	า	◌่	อ	น	พ	เ	◌้
ต	ซ	ท	พ	ซ	ษ	ร	ภ	ค	ส	ภ	◌้	ล	ข	◌ำ
น	ง	ะ	ฉ	ซ	◌ิ	แ	า	า	ฝ	ม	◌ำ	เ	า	แ
น	ฉ	จ	ณ	น	จ	ส	ท	ย	ต	ด	◌ุ	ะ	ไ	ข
◌้	เ	ก	า	ะ	เ	บ	า	ส	ล	เ	ะ	ท	ฟ	◌็
◌ำ	◌้	ถ	แ	ก	ฟ	ก	ว	ด	ภ	ข	ป	ฝ	ร	ง
ต	ญ	เ	ท	◌ุ	น	ด	ร	า	ห	◌ุ	บ	เ	ข	า
ก	ต	พ	จ	ฟ	ฟ	พ	จ	ห	ณ	ภ	ซ	ก	ท	ข
ค	า	บ	ส	ม	◌ุ	ท	ร	ย	ษ	ฉ	ส	ษ	ฉ	เ
ญ	ง	ข	◌็	แ	◌ำ	น	◌้	า	ข	เ	◌ู	ภ	ย	◌ู
ห	ฟ	ษ	ต	พ	ย	อ	ภ	ช	ฟ	ถ	ซ	บ	ณ	ภ

น้ำตก
ถ้ำ
เนินเขา
ทะเลทราย
ธารน้ำแข็ง
อ่าว
ภูเขาน้ำแข็ง
เกาะ
ทะเลสาบ
ทะเล
ภูเขา
โอเอซิส
มหาสมุทร
บึง
คาบสมุทร
ชายหาด
แม่น้ำ
ทุนดรา
หุบเขา
ภูเขาไฟ

32 - Nutrição

ม	ญ	ษ	ธ	พ	ล	ป	ง	ร	แ	ง	◌็	ข	แ	แ
อ	ซ	จ	ธ	ต	ฉ	ภ	ภ	ส	อ	ซ	พ	◌ิ	ษ	ภ
ง	า	ฉ	ค	บ	ว	ะ	ต	ช	ณ	ข	ย	ล	อ	ด
า	เ	ห	ข	ไ	ก	ร	ร	า	ห	า	อ	ร	า	ส
ศ	ข	ฝ	า	ไ	บ	ก	ป	ต	ศ	ค	◌่	แ	ล	ส
ไ	น	◌ี	ต	ร	ป	โ	ไ	◌ิ	ถ	เ	ย	ค	ก	◌ุ
ค	ว	า	ม	ก	ร	ะ	ห	า	ย	ศ	ร	ล	ล	ข
ว	ล	ก	ข	ว	ถ	ง	เ	ฝ	ว	ฟ	า	อ	ท	ภ
◌ิ	ห	ส	า	น	จ	ส	ช	ก	ข	ท	ก	ร	ศ	า
ต	เ	ม	ฟ	ร	น	◌้	◌ำ	ห	น	◌ั	ก	◌ี	ก	พ
า	ง	ด	ซ	ม	ห	น	ภ	ค	แ	ไ	ม	◌่	◌ิ	พ
ม	อ	◌ุ	จ	ศ	ธ	ม	ค	◌ุ	ณ	ภ	า	พ	น	ะ
◌ิ	ข	ล	ค	ด	ฉ	ช	◌ั	จ	ห	ช	ไ	ม	ไ	จ
น	ว	ม	ท	ห	ผ	ไ	แ	ก	ไ	แ	ค	ษ	ด	ห
ค	า	ร	◌์	โ	บ	ไ	ฮ	เ	ด	ร	ต	ญ	◌้	ม

ขม
ความกระหาย
แคลอรี่
คาร์โบไฮเดรต
กินได้
อาหาร
การย่อย
สมดุล
การหมัก
ของเหลว
ซอส
สารอาหาร
น้ำหนัก
โปรตีน
คุณภาพ
รสชาติ
แข็งแรง
สุขภาพ
พิษ
วิตามิน

33 - Energia

ไ	ค	ด	ด	ว	ง	อ	า	ท	◌ิ	ต	ย	◌์	า	ณ
ฝ	อ	า	◌ี	ก	ะ	ฝ	น	อ	◌้	ร	ม	า	ว	ค
อ	◌ิ	ท	ร	เ	ด	ช	อ	จ	จ	ผ	ฝ	ภ	ไ	ก
◌ุ	เ	ด	น	◌์	ซ	ผ	ต	น	เ	ช	ท	เ	ญ	◌ั
ต	ล	แ	◌้	ส	บ	ล	ฟ	◌ิ	แ	ร	ร	อ	ม	ง
ส	◌็	ท	◌ำ	◌ิ	ว	อ	โ	ว	บ	เ	ด	น	จ	ห
า	ก	น	ม	◌่	ค	ค	น	เ	ต	ช	ฉ	โ	ฉ	◌ั
ห	ต	ว	◌ั	ง	ด	ด	ก	ค	เ	◌ี	ศ	ท	ฮ	น
ก	ร	ล	น	แ	ล	ม	ญ	ล	ต	◌้	ป	ร	ญ	ไ
ร	อ	น	เ	ว	ร	ป	ผ	◌ี	อ	อ	ช	ป	ห	แ
ร	น	ณ	บ	ด	ไ	ฉ	ธ	ย	ร	เ	ค	◌ี	า	ข
ม	ซ	ะ	น	ล	ฟ	ด	ศ	ร	◌ี	พ	ไ	จ	ธ	ช
แ	ฟ	ต	ซ	◌้	ฟ	แ	า	◌์	◌่	ล	ภ	ธ	ฟ	ภ
อ	ต	ส	◌ิ	อ	◌้	ห	ต	ษ	ษ	◌ิ	พ	ล	ม	น
ง	เ	แ	น	ม	า	ล	แ	ซ	ป	ง	ษ	ภ	ธ	ท

สิ่งแวดล้อม
แบตเตอรี่
ความร้อน
คาร์บอน
เชื้อเพลิง
ดีเซล
ไฟฟ้า
อิเล็กตรอน
เอนโทรปี
โฟตอน
น้ำมันเบนซิน
ไฮโดรเจน
อุตสาหกรรม
นิวเคลียร์
มลพิษ
ทดแทน
ดวงอาทิตย์
กังหัน
ลม

34 - Disciplinas Científicas

อ	ภ	ค	โ	ส	ธ	ห	ฝ	ไ	ภ	เ	ค	ม	◌ี	ะ
◌ุ	า	◌ิ	ภ	◌ั	◌์	ร	ต	ส	า	ศ	า	ร	า	ด
ณ	ษ	ท	ช	ต	ถ	ย	ณ	แ	ย	ศ	ศ	ข	แ	ช
ห	า	น	น	ว	ศ	ส	อ	◌ี	ท	ม	พ	ฉ	แ	ไ
พ	ศ	◌ี	า	ว	บ	อ	ศ	เ	ว	ก	า	ไ	◌ี	ป
ล	า	ว	ก	◌ิ	ไ	เ	ท	ห	◌ิ	◌ิ	ย	ศ	ด	ร
ศ	ส	◌ิ	า	ท	ก	ข	ฝ	บ	ม	ม	ท	า	ค	ะ
า	ต	ท	ร	ย	◌์	ะ	ณ	ร	ค	ษ	ว	ย	ณ	ส
ส	ร	ย	ต	า	เ	ร	ไ	แ	ง	ศ	◌ิ	ท	า	า
ต	◌์	า	ล	ไ	ณ	แ	ต	ก	◌ั	ล	ร	ว	ร	ท
ร	ช	◌ี	ว	เ	ค	ม	◌ี	ส	ส	พ	◌ี	◌ิ	บ	ว
◌์	ม	จ	◌ิ	ต	ว	◌ิ	ท	ย	า	ร	ร	◌่	โ	◌ิ
พ	ฤ	ก	ษ	ศ	า	ส	ต	ร	◌์	ศ	ส	ร	ซ	ท
ช	◌ี	ว	ว	◌ิ	ท	ย	า	ธ	ป	ต	ล	แ	ษ	ย
น	◌ิ	เ	ว	ศ	ว	◌ิ	ท	ย	า	จ	ร	ก	ฉ	า

โบราณคดี
ดาราศาสตร์
ชีววิทยา
ชีวเคมี
พฤกษศาสตร์
คิทนีวิทยา
นิเวศวิทยา
สรีรวิทยา
ธรณีวิทยา
ภาษาศาสตร์
กลศาสตร์
แร่วิทยา
ประสาทวิทยา
โภชนาการ
จิตวิทยา
เคมี
สังคมวิทยา
อุณหพลศาสตร์
สัตววิทยา

35 - Meditação

ค	ว	า	ม	เ	ง	ี	ย	บ	ต	ป	ฝ	ธ	อ	ห
ด	น	ต	ร	ี	ส	ั	น	ต	ิ	ภ	า	พ	า	พ
ย	ถ	า	ษ	ด	ส	ป	ง	ร	ย	ภ	พ	ะ	ร	ณ
ก	า	ร	เ	ค	ล	ื	่	อ	น	ไ	ห	ว	ม	น
ด	ษ	ก	อ	ง	ค	ธ	ไ	ณ	ม	ม	ภ	ซ	ณ	ิ
ท	ต	ี	่	น	ค	ว	น	น	ง	ม	ศ	จ	์	ส
่	ก	ผ	ไ	อ	ส	ว	า	ป	ต	ซ	ุ	ห	ช	ั
า	เ	ส	พ	ส	ผ	ธ	า	ม	ก	ฝ	ท	ม	ม	ย
ท	ง	ค	ม	ำ	ส	ค	ศ	ม	เ	ช	ค	ก	ต	บ
า	ั	ข	ณ	ค	ก	ส	ล	า	ค	ม	ษ	จ	ญ	ะ
ง	ส	ค	ว	า	ม	ส	น	ใ	จ	ิ	ต	ิ	จ	ป
ภ	ร	ธ	ร	ร	ม	ช	า	ต	ิ	ว	ด	ต	ไ	ท
ฝ	า	ค	ว	า	ม	ช	ั	ด	เ	จ	น	ป	า	ไ
ใ	ก	า	ใ	ค	ว	า	ม	ก	ต	ั	ญ	ญ	ุ	ญ
ก	า	ร	ย	อ	ม	ร	ั	บ	า	ง	ค	ค	เ	บ

การยอมรับ
ตื่น
ความสนใจ
ความเมตตา
ความชัดเจน
อารมณ์
คำสอน
ความกตัญญู
นิสัย
จิต
ใจ
การเคลื่อนไหว
ดนตรี
ธรรมชาติ
การสังเกต
สันติภาพ
ความคิด
มุมมอง
ท่าทาง
ความเงียบ

36 - Instrumentos Musicais

ม	ซ	ห	พ	บ	ภ	า	แ	ต	ผ	ธ	เ	ซ	ก	ส
เ	ป	◌ี	ย	โ	น	ก	บ	น	อ	โ	ช	น	◌ี	แ
ข	◌์	ผ	ผ	พ	น	◌้	น	◌็	ร	อ	ล	ซ	ต	ท
ไ	ร	ว	ะ	ถ	ท	น	โ	เ	ต	โ	โ	◌ู	า	ม
ภ	า	ง	ค	ไ	ร	◌ิ	จ	◌ิ	น	บ	ล	ส	ร	บ
แ	ฮ	อ	เ	ก	อ	ม	า	ร	◌ิ	ม	บ	า	◌์	◌ู
ค	ซ	ล	พ	ล	ม	โ	ล	า	ล	ถ	ช	บ	ท	ร
ญ	ธ	ก	ะ	อ	โ	◌์	ง	ล	ด	ผ	ก	◌่	บ	◌ี
ซ	ไ	ต	โ	ง	บ	ร	ข	ค	โ	แ	ซ	◌ี	อ	น
น	ร	◌ี	ภ	ซ	น	า	ฝ	อ	น	ญ	ข	ป	ร	เ
ย	ด	◌้	ภ	ช	โ	ฮ	ม	ว	ม	ข	ล	◌ุ	◌่	ย
ส	จ	ม	ภ	พ	พ	ฟ	ญ	ย	แ	แ	ต	ร	บ	ณ
ท	ถ	ไ	จ	ฟ	ซ	เ	น	◌ิ	ล	อ	โ	ว	ไ	ร
ฆ	◌้	อ	ง	น	ศ	ะ	ซ	ป	ข	ฝ	ก	พ	น	ล
ผ	ล	แ	ถ	ฉ	ญ	เ	ะ	ว	ฉ	ส	ย	ท	ด	อ

แมนโดลิน
แบนโจ
ไม้ตีกลอง
คลาริเน็ต
ปี่บาสซูน
ขลุ่ย
ฮาร์โมนิก้า
ฆ้อง
ฮาร์ป
มาริมบา

โอโบ
แทมบูรีน
เปียโน
แซกโซโฟน
กลอง
ทรอมโบน
แตร
กีตาร์
ไวโอลิน
เชลโล

37 - Adjetivos #2

อ	ศ	ง	ท	น	แ	ถ	น	ฝ	ค	ด	ธ	อ	แ	ท
◌ุ	ท	ย	◌ิ	ก	ท	ภ	อ	ท	ค	ว	ช	ฉ	จ	ต
ด	ม	ส	ต	ส	◌้	แ	ห	◌้	ง	ย	น	ห	ว	ภ
ม	ธ	◌ี	ก	ธ	◌ิ	บ	า	ย	ข	ด	ะ	ว	น	ะ
ส	น	เ	ป	◌็	น	ธ	ร	ร	ม	ช	า	ต	◌ิ	า
ม	บ	อ	ช	ด	ผ	◌ิ	บ	◌ั	ร	ม	◌่	◌่	แ	ฟ
บ	ฟ	ช	◌้	อ	ล	ง	ซ	ถ	ซ	ห	ป	ม	ง	ญ
◌ู	ไ	◌ี	ล	ร	น	ไ	อ	ว	ก	ไ	ล	ห	ร	ส
ร	จ	◌่	บ	ร	◌ิ	ส	◌ุ	ท	ธ	◌ิ	◌์	ไ	แ	เ
ณ	ม	◌ี	ส	ร	◌้	า	ง	ส	ร	ร	ค	◌์	ง	ด
◌์	ก	ม	ภ	จ	ก	ฟ	ต	พ	ห	เ	ไ	เ	◌็	ภ
ภ	◌ู	ม	◌ิ	ไ	จ	ฝ	ค	ท	ด	ฟ	ช	เ	ข	ช
น	◌่	า	ส	น	ไ	จ	ข	ผ	ษ	ค	ฝ	ค	แ	ต
ม	◌ี	พ	ร	ส	ว	ร	ร	ค	◌์	ง	ง	◌็	ะ	ห
ต	ร	ญ	ผ	แ	อ	บ	ป	เ	ษ	ฟ	น	ม	ณ	ฝ

แท้
สร้างสรรค์
ธิบาย
มีพรสวรรค์
สง่า
มีชื่อเสียง
หนา
น่าสนใจ
เป็นธรรมชาติ
ปกติ
ใหม่
ภูมิใจ
อุดมสมบูรณ์
บริสุทธิ์
ร้อน
รับผิดชอบ
เค็ม
แข็งแรง
แห้ง
ป่า

38 - Roupas

พ	บ	จ	จ	ท	ส	ฝ	ต	ญ	ผ	อ	แ	ผ	ร	แ
ถ	ร	ห	ก	ค	ด	ร	ห	ข	อ	ผ	ฟ	◌้	อ	จ
ง	ต	อ	น	◌้	ณ	ข	◌้	ม	น	บ	ช	า	ง	◌็
ก	ย	แ	ท	โ	ร	บ	◌ั	อ	ว	ง	◌ั	ก	เ	ค
เ	ส	◌ื	◌้	อ	ค	ล	◌ุ	ม	ย	ก	◌่	◌ั	ท	เ
ง	า	ภ	ถ	◌้	ห	เ	ย	◌ี	◌็	ค	น	น	◌้	ก
า	ฉ	ก	ช	◌ี	ร	ษ	◌ี	อ	ก	ข	อ	เ	า	◌็
ก	ฝ	แ	◌ุ	ส	ก	แ	น	ข	ร	ณ	เ	ป	ผ	ต
ก	ห	ค	ด	เ	ะ	ม	ส	◌้	ะ	ธ	ท	◌ื	◌้	ข
ถ	◌ุ	ง	เ	ท	◌้	า	◌์	ย	โ	ช	ห	◌้	า	บ
เ	ส	◌ื	◌้	อ	ณ	ส	ฉ	อ	ป	◌ุ	ญ	อ	พ	ค
ณ	ถ	า	ผ	บ	ท	ผ	ก	◌้	ร	ด	ม	น	◌ั	ษ
ค	ว	า	ณ	แ	ซ	า	ช	ร	ง	น	ล	บ	น	ภ
ห	ด	ห	บ	บ	บ	ด	ไ	ส	จ	อ	บ	ธ	ค	ม
ญ	ช	บ	ช	ถ	◌ุ	ง	ม	◌ื	อ	น	น	ล	อ	ว

ผ้ากันเปื้อน
กางเกง
เสื้อ
เสื้อโค้ท
หมวก
เข็มขัด
สร้อยคอ
แจ็คเก็ต
ยีนส์
ผ้าพันคอ
ถุงมือ
ถุงเท้า
แฟชั่น
ชุดนอน
สร้อยข้อมือ
กระโปรง
รองเท้า
เสื้อคลุม
ชุด

39 - Herbalismo

ล	า	ะ	ณ	ซ	ค	ม	อ	ห	ฉ	ย	ส	อ	ญ	ญ
ก	า	เ	า	ผ	ม	ุ	า	ส	่	ว	น	ผ	ส	ม
ค	ไ	เ	เ	ล	ย	จ	ณ	ร	ง	น	ผ	ฟ	ภ	ด
ห	ผ	ข	ว	ย	ี	ข	เ	ภ	์	ผ	ั	ก	ช	ี
ห	ั	ไ	ธ	น	ท	ว	ร	จ	า	โ	ย	แ	า	ภ
ญ	ก	ผ	ง	ส	เ	พ	ซ	ะ	ส	พ	จ	ท	่	า
้	ช	ต	ป	ศ	ะ	ด	อ	ซ	ท	ไ	ถ	แ	ี	ณ
า	ี	ณ	ไ	ห	ร	ฝ	อ	ิ	ต	า	ช	ส	ร	้
ฝ	ฝ	ไ	ญ	ป	ก	ร	ณ	ร	อ	ต	ไ	ธ	ม	ม
ร	ร	ย	ค	ล	ต	ข	ป	ก	์	ม	ธ	ไ	แ	ไ
ั	ั	ญ	ศ	ู	ห	ว	โ	ห	ร	ะ	พ	า	ส	ก
่	่	ซ	อ	ก	อ	ซ	ะ	แ	เ	ษ	ร	ง	ร	อ
น	ง	ท	า	ร	์	ร	า	ก	อ	น	ส	ด	โ	ด
เ	ม	็	ด	ย	ี	่	ห	ร	่	า	ส	ว	น	ง
เ	ป	็	น	ป	ร	ะ	โ	ย	ช	น	์	ผ	พ	ล

หญ้าฝรั่น
โรสแมรี่
กระเทียม
หอม
เป็นประโยชน์
ผักชี
ทาร์รากอน
ดอกไม้
เม็ดยี่หร่า
ส่วนผสม
สวน
ลาเวนเดอร์
โหระพา
มาร์โจแรม
ปลูก
คุณภาพ
รสชาติ
ผักชีฝรั่ง
ไธม์
เขียว

40 - Arqueologia

ผ	◌ู	◌้	เ	ช	◌ี	◌่	ย	ว	ช	า	ญ	ท	ส	ก
า	ซ	ไ	ฟ	ข	บ	ค	ห	น	ป	ว	จ	เ	ม	า
ผ	ซ	ก	ธ	ม	ฉ	ธ	พ	ก	◌ี	ฉ	ษ	ม	◌ั	ร
แ	ษ	ง	ฟ	อ	ส	ซ	◌ิ	ล	า	ว	ว	ณ	ย	ป
ฉ	จ	ผ	ส	ภ	า	ผ	ช	◌ึ	ส	ไ	ค	ธ	โ	ร
ล	◌ู	ก	ห	ล	า	น	ม	ะ	ไ	ส	แ	ม	บ	ะ
ห	ต	ไ	ภ	ฉ	เ	บ	า	ร	ท	◌่	ม	ไ	ร	เ
ล	ป	ย	ถ	ไ	ว	ถ	ว	◌่	ร	ค	◌ี	ย	า	ม
◌ุ	ษ	จ	◌ุ	ร	ฝ	ท	พ	◌ี	ส	ธ	ท	◌ุ	ณ	◌ิ
ม	อ	◌ั	ต	ย	ก	ข	เ	ท	ภ	บ	ย	ค	น	น
ฝ	ซ	ว	◌ั	ด	ศ	ต	ว	ง	ล	◌ึ	ม	ร	ฉ	ญ
◌ั	ภ	◌ิ	ว	ธ	ด	ะ	บ	อ	ไ	ภ	บ	ผ	า	ส
ง	ง	ก	◌ู	ด	ะ	ร	ก	ข	ญ	แ	แ	ณ	ะ	อ
ศ	ค	◌ั	ศ	า	ส	ต	ร	า	จ	า	ร	ย	◌์	ม
พ	ว	น	ว	ค	ว	า	ม	ล	◌ึ	ก	ล	◌ั	บ	ว

ปี
สมัยโบราณ
การประเมิน
อารยธรรม
ลูกหลาน
ไม่ทราบ
ทีม
ยุค
ผู้เชี่ยวชาญ
ลืม
ฟอสซิล
นักวิจัย
ความลึกลับ
วัตถุ
กระดูก
ศาสตราจารย์
ของที่ระลึก
วัด
หลุมฝังศพ

41 - Agronomia

ฟ	ห	เ	ผ	ศ	ส	ญ	ษ	ว	ไ	ญ	ห	ผ	อ	ว
บ	ซ	ต	ไ	ธ	า	ย	ท	ว	◌ิ	ศ	ว	เ	◌ิ	น
ภ	ช	ษ	ด	◌ิ	น	น	◌้	◌ำ	ะ	ผ	ว	ก	น	ภ
ย	ค	ป	◌ุ	◌๋	ย	จ	◌ั	◌ิ	ว	ฝ	◌ิ	ต	ท	ร
ม	ร	ร	ก	ร	ต	ษ	ก	เ	ธ	พ	ท	ณ	ร	◌่
ก	โ	ะ	พ	ษ	ช	บ	เ	ข	น	◌ี	ย	ม	◌ี	อ
า	ฉ	ช	บ	ล	อ	ล	ไ	จ	เ	ช	า	ล	ย	น
ร	ซ	น	ส	บ	◌ั	ญ	ภ	แ	ม	ต	ศ	พ	◌์	ย
ผ	ศ	บ	ย	ไ	ศ	ง	ซ	จ	ล	ป	า	◌ิ	ร	◌ื
ล	ป	ท	ข	ผ	ษ	ฉ	ง	ถ	◌็	อ	ส	ษ	ข	ง
◌ิ	ณ	ค	แ	ห	า	เ	ห	า	ด	ข	ต	ง	ย	◌่
ต	ร	ะ	ว	ฝ	ะ	ศ	ว	ผ	น	ง	ร	ญ	ฝ	◌ั
ท	ไ	ข	ฟ	ถ	ป	อ	ะ	◌ั	ง	ถ	◌์	ว	ห	ย
ผ	บ	ข	ษ	ว	ป	ค	ง	ก	พ	ก	ง	ภ	ธ	ล
ส	◌ิ	◌่	ง	แ	ว	ด	ล	◌้	อ	ม	ไ	ช	บ	น

เกษตรกรรม
สิ่งแวดล้อม
น้ำ
วิทยาศาสตร์
โรค
นิเวศวิทยา
พลังงาน
ร่อน
ปุ๋ย
ผัก
อินทรีย์
วิจัย
พืช
มลพิษ
การผลิต
ชนบท
เมล็ด
ระบบ
ดิน
ยั่งยืน

42 - Frutas

ร	◌ี	◌่	◌์	ร	อ	ช	เ	ต	ต	ฟ	จ	ง	ห	ย
า	ข	ไ	ห	ะ	ร	◌ี	◌่	◌์	ร	อ	บ	เ	ศ	น
ส	แ	ท	ไ	จ	ง	พ	ร	อ	ญ	ข	ศ	บ	จ	ค
เ	น	อ	อ	ง	◌ุ	◌่	น	ณ	ว	◌ี	◌่	◌ี	ก	ะ
บ	ซ	ค	ป	พ	ฉ	ช	ไ	ห	า	ท	ห	แ	ผ	ด
อ	ข	◌ิ	อ	เ	ย	ง	ท	ค	◌้	ค	ษ	ห	ล	ล
ร	เ	ร	ม	า	ป	า	ป	ด	ร	ก	อ	ผ	ด	◌ู
◌์	น	ป	จ	ะ	โ	◌ิ	ผ	ศ	พ	ด	อ	บ	า	ก
ร	ค	อ	ง	ล	ล	ว	◌้	ม	ะ	ม	◌่	ว	ง	แ
◌ี	ท	แ	ไ	ห	ค	ะ	ค	ล	ม	◌้	◌ี	า	ญ	พ
◌่	า	ท	ไ	ย	ญ	ว	ก	า	ศ	ส	ด	น	ฟ	ร
น	ร	อ	ห	ย	ฉ	ล	ฝ	อ	โ	ไ	เ	ะ	ว	◌์
ม	◌ี	ก	ล	◌้	ว	ย	ห	ฉ	ส	ด	ะ	ม	ป	า
ต	น	ส	◌ั	ป	ป	ะ	ร	ด	า	บ	ม	จ	ณ	า
แ	บ	ล	◌็	ก	เ	บ	อ	ร	◌์	ร	◌ี	◌่	ต	ช

อาโวคาโด
สัปปะรด
แบล็กเบอร์รี่
เบอร์รี่
กล้วย
เชอร์รี่
มะพร้าว
แอปริคอท
มะเดื่อ
ราสเบอร์รี่
กีวี่
ส้ม
มะนาว
แอปเปิ้ล
มะละกอ
มะม่วง
เนคทารีน
ลูกแพร์
พีช
องุ่น

43 - Corpo Humano

จ	ย	ไ	ด	เ	เ	น	ห	ซ	ฝ	บ	ห	ภ	ศ	ป
เ	ล	◌ี	อ	ด	ข	◌ิ	ธ	น	ฟ	ษ	◌ั	ผ	ะ	เ
จ	ไ	ร	ฝ	ล	◌่	◌้	น	ณ	◌้	ะ	ว	ค	ส	ผ
ไ	ผ	ห	ย	ษ	า	ว	ข	ท	ถ	า	◌ิ	อ	ย	ต
า	แ	ห	ห	จ	ไ	ว	◌ั	ห	ญ	ข	ผ	ช	ต	ร
ไ	ด	ย	ถ	ม	ห	ต	ต	ง	ย	ช	ร	า	พ	น
ญ	ค	ญ	ษ	◌ู	ข	ซ	จ	า	ด	ฟ	ต	ส	ก	ล
ง	ม	า	อ	ก	ข	ณ	ญ	ถ	ม	ศ	ข	ไ	ฉ	เ
ฟ	แ	ธ	ง	บ	า	ห	◌ู	ไ	ต	ค	ผ	ล	ญ	น
ข	ล	ล	อ	ท	ก	ไ	ห	ล	◌่	ผ	ป	า	ก	ฉ
ป	ภ	พ	ม	ม	ร	น	ต	ส	ย	ส	า	ก	ม	บ
ด	ค	ต	ส	จ	ร	ข	◌้	อ	ศ	อ	ก	ด	◌ี	ณ
ต	ซ	น	แ	ศ	ไ	า	ะ	ก	า	ะ	ช	ถ	อ	ข
ค	ศ	ว	ล	ซ	ก	ข	◌้	อ	เ	ท	◌้	า	ซ	ค
ว	ด	ข	ค	ร	ร	ค	ค	ห	ผ	ะ	ฉ	ว	ด	ท

ปาก
หัว
สมอง
หัวใจ
ข้อศอก
นิ้ว
เข่า
ขากรรไกร
มือ
จมูก
ตา
ไหล่
หู
ผิว
ขา
คอ
คาง
เลือด
หน้าผาก
ข้อเท้า

44 - Restaurante #1

แ	ส	ณ	ญ	ป	ะ	ค	บ	ว	บ	ถ	ญ	ว	ภ	ญ
ค	ธ	่	ษ	ศ	ภ	ม	ย	ร	บ	พ	ถ	ฟ	ท	ห
ช	ย	ก	ว	เ	ศ	พ	ธ	ค	ไ	เ	บ	บ	เ	ผ
เ	ศ	ไ	ข	น	จ	ก	ฉ	ง	ณ	เ	ม	ฟ	ป	ะ
ช	ส	า	ฝ	ภ	ผ	ข	น	ม	ล	ก	น	า	จ	า
ื	น	อ	ล	อ	ป	ส	แ	ฟ	แ	า	ก	ี	น	อ
ย	ญ	ม	ภ	ณ	ล	ม	ม	ว	ั	ร	ค	ผ	้	ส
ร	เ	ี	า	ู	น	ม	เ	จ	ง	จ	ญ	ด	ร	อ
์	ผ	ด	ก	ผ	ม	า	ช	ะ	ล	อ	ไ	อ	ป	ซ
ท	็	ฟ	ร	์	ส	ิ	เ	น	า	ง	ก	ั	น	พ
ท	ด	ญ	ศ	พ	ข	ง	แ	ณ	ต	ั	ล	ช	ล	ซ
ศ	ษ	ด	ห	า	ก	ถ	ก	พ	ม	ป	ญ	บ	น	อ
ภ	ไ	อ	ถ	ข	ิ	ห	ว	ธ	้	ม	ก	ด	ไ	ต
ข	า	ไ	ฉ	ะ	น	ช	ด	อ	ไ	น	ท	พ	า	จ
ผ	้	า	เ	ช	็	ด	ป	า	ก	ข	ฟ	แ	น	อ

ภูมิแพ้
กาแฟ
แคชเชียร์
เนื้อ
กิน
ครัว
มีด
ไก่
พนักงานเสิร์ฟ
ผ้าเช็ดปาก
ส่วนผสม
เมนู
ซอส
ขนมปัง
เผ็ด
จาน
การจอง
ขนม
ชาม

45 - Caminhada

ด	ว	ง	อ	า	ท	◌ิ	ต	ย	◌์	ส	ฝ	ค	ะ	ก
ม	ษ	ม	ท	อ	ญ	ด	ษ	อ	ไ	◌ั	ส	ะ	ผ	า
ท	ร	ไ	ก	ษ	ท	ธ	ผ	◌่	ว	ต	จ	จ	ญ	ร
ไ	ณ	ธ	พ	ศ	ธ	เ	ณ	◌ี	ส	ว	ว	ถ	ษ	ต
◌ำ	ภ	ไ	ฉ	ฟ	ไ	ช	ถ	น	ภ	◌์	ซ	ค	เ	ร
น	◌้	◌ำ	ข	ด	ย	ซ	ม	ห	อ	ต	น	จ	ผ	ะ
ะ	ป	ท	บ	◌ู	า	◌้	ท	เ	ง	อ	ร	ป	ถ	เ
น	ภ	◌ู	ม	◌ิ	อ	า	ก	า	ศ	ต	ญ	ฐ	จ	ต
แ	ล	อ	ไ	ซ	ไ	เ	ณ	ส	ฟ	ล	ฉ	ม	ย	ร
◌ำ	ไ	ก	◌ั	น	ห	ห	น	◌้	า	ผ	า	น	◌ุ	◌ี
ค	◌่	◌ี	ท	น	ผ	แ	ป	ป	ด	ส	ต	◌ิ	ง	ย
ป	◌่	า	ด	◌ิ	ต	า	ช	ม	ร	ร	ธ	เ	บ	ม
บ	ท	ห	ะ	ห	ษ	ร	ภ	◌ู	เ	ข	า	ท	ค	ย
ร	ศ	า	ก	า	อ	พ	า	ภ	ส	เ	ข	ศ	จ	ท
า	ส	ฉ	ข	ท	จ	ล	ล	ย	ญ	า	จ	ฉ	เ	อ

สัตว์
น้ำ
รองเท้าบูท
เหนื่อย
ภูมิอากาศ
คำแนะนำ
แผนที่
ภูเขา
ยุง
ธรรมชาติ
ปฐมนิเทศ
หิน
หน้าผา
อันตราย
หนัก
การตระเตรียม
ป่า
ดวงอาทิตย์
สภาพอากาศ

46 - Biologia

จ	พ	ณ	ก	ด	ท	า	ส	ะ	ร	ป	น	◌้	ส	เ
ศ	ฟ	ย	พ	ต	น	เ	◌์	ร	อ	บ	เ	ฮ	ไ	ป
ก	จ	ย	ฉ	ง	◌ี	อ	ล	ะ	ท	ป	ศ	ง	ษ	◌็
ฮ	า	บ	ไ	ฝ	ต	น	จ	เ	า	ล	ล	อ	ค	น
โ	อ	ร	ษ	พ	ร	ไ	ค	แ	ส	ย	อ	โ	ไ	ธ
ซ	ค	ร	ห	ซ	ป	ซ	ห	บ	ะ	า	อ	ร	ซ	ร
◌ิ	ภ	ร	◌์	า	โ	ม	ส	ค	ร	ษ	ส	◌ิ	แ	ร
ม	ต	น	โ	โ	ย	◌์	ต	ท	ป	เ	โ	บ	น	ม
ไ	พ	◌ี	ช	ม	ม	ไ	ก	◌ี	◌์	ซ	ม	ม	ป	ช
บ	ว	ไ	อ	ด	โ	น	จ	เ	ล	ล	ซ	◌็	ส	า
โ	ย	ฟ	ถ	ส	ช	ซ	น	ร	ล	ล	◌ิ	อ	◌์	ต
อ	บ	ฟ	พ	เ	เ	น	ม	◌ี	ซ	◌์	ส	เ	ศ	◌ิ
ซ	ะ	ค	บ	ฉ	น	ฉ	ร	ย	เ	ป	ไ	อ	ก	ไ
◌ิ	ไ	ก	า	ร	ก	ล	า	ย	พ	◌ั	น	ธ	◌ุ	◌์
ส	ย	ล	◌ี	ค	เ	ว	◌ิ	น	ท	ฉ	ณ	ษ	ด	ช

แบคทีเรีย
เซลล์
คอลลาเจน
โครโมโซม
เอ็มบริโอ
เอนไซม์
ไฮเบอร์เนต
ฮอร์โมน
การกลายพันธุ์
เป็นธรรมชาติ
เส้นประสาท
เซลล์ประสาท
นิวเคลียส
ออสโมซิส
พืช
โปรตีน
การหายใจ
ซิมไบโอซิส
ไซแนปส์

47 - Beleza

บ	ซ	ค	ศ	ผ	บ	ค	ห	ท	ฟ	ผ	ภ	ศ	เ	ม
ป	ร	ู	ย	า	่	ถ	ะ	ล	า	ล	ญ	ร	ฉ	ญ
ม	ก	ิ	ซ	ไ	น	ร	ต	์	ส	ิ	ล	ต	ไ	ส
ภ	เ	น	ก	า	น	้	ห	ง	่	ต	แ	ก	เ	ร
ซ	น	ซ	ว	า	่	ง	ส	ก	า	ภ	า	ค	ส	ไ
ม	ษ	ะ	ฟ	พ	ร	ล	ช	จ	ฟ	ั	ผ	ค	น	บ
ก	ล	ิ	่	น	ห	อ	ม	น	แ	ณ	ิ	ก	่	ผ
ล	ิ	ป	ส	ต	ิ	ก	ท	ม	ร	ฑ	ว	ร	ห	ห
ม	า	ส	ค	า	ร	่	า	ั	ล	์	ก	ร	์	น
เ	ค	ร	ี	่	อ	ง	ส	ำ	อ	า	ง	ไ	ส	แ
ห	ย	ิ	ก	พ	แ	ช	ห	้	ล	ถ	อ	ก	แ	ี
ค	ผ	ม	ว	ม	ค	จ	ธ	น	ค	ค	า	ร	ช	ย
ค	ว	า	ม	ง	ด	ง	า	ม	ว	ท	ก	ฟ	ม	ค
า	ณ	ข	ช	ป	ไ	ก	ร	ะ	จ	ก	ภ	า	พ	ธ
ก	เ	ห	ญ	ช	ต	ร	ก	ด	อ	บ	พ	ภ	ู	ธ

ลิปสติก
หยิก
เสน่ห์
สี
เครื่องสำอาง
สง่า
ความงดงาม
กระจก
สไตลิสต์
ถ่ายรูป
กลิ่นหอม
เกรซ
แต่งหน้า
น้ำมัน
ผิว
ผลิตภัณฑ์
มาสคาร่า
บริการ
กรรไกร
แชมพู

48 - Filantropia

ป	ร	ะ	ว	ั	ต	ิ	ศ	า	ส	ต	ร	์	ค	ม
ณ	ฉ	ศ	ฝ	ฟ	ค	โ	ป	ร	แ	ก	ร	ม	ณ	น
ภ	ธ	ค	ศ	ณ	ว	ท	ั	่	ว	โ	ล	ก	ช	ุ
ล	ศ	ุ	ก	ร	า	ก	า	ร	เ	ง	ิ	น	ม	ษ
ช	ุ	ม	ช	น	ม	น	ช	ว	า	ย	เ	ฝ	ย	ย
ล	ส	ผ	ผ	ผ	ซ	จ	ผ	ล	ม	ก	ด	ธ	า	ช
ญ	ม	แ	ถ	ย	ี	ต	เ	พ	ฉ	ข	ง	ศ	ท	า
ผ	ท	ม	ข	ย	่	ิ	ณ	ช	ม	ส	จ	อ	า	ต
อ	ศ	ญ	ม	า	อ	ด	ก	อ	ง	ท	ุ	น	ั	ิ
ก	ล	ุ	่	ม	ส	ต	บ	ร	ิ	จ	า	ค	ท	ต
จ	ป	ไ	ร	ห	ั	่	ซ	ณ	ต	ิ	ไ	้	ม	ะ
ผ	อ	ญ	ช	า	ต	อ	ว	ต	ไ	ก	ป	ู	า	า
ห	ไ	ญ	พ	้	ย	ก	ย	ป	ะ	ร	เ	ผ	ว	ภ
ฉ	จ	ฝ	ย	ป	์	ก	ก	ม	ศ	า	บ	ค	ค	ต
ณ	ม	ช	ณ	เ	บ	ษ	ภ	แ	ฝ	ภ	ด	ณ	ไ	ม

การกุศล
ชุมชน
ติดต่อ
ความท้าทาย
บริจาค
การเงิน
กองทุน
ทั่วโลก
กลุ่ม
ประวัติศาสตร์
ความซื่อสัตย์
มนุษยชาติ
เยาวชน
ภารกิจ
ต้องการ
เป้าหมาย
ผู้คน
โปรแกรม

49 - Ecologia

ล	ไ	ภ	ธ	ร	ร	ม	ช	า	ต	◌ิ	ช	า	ง	ค
ร	ฟ	เ	◌ู	อ	า	ส	า	ส	ม	◌ั	ค	ร	ญ	ว
ต	◌ิ	า	ช	ม	ร	ร	ธ	น	◌็	ป	เ	ผ	แ	า
ไ	ไ	ค	ย	ไ	◌ิ	ญ	ต	ม	ษ	ป	ภ	ย	น	ม
ห	ล	ย	ศ	◌ั	า	อ	ย	◌ู	◌่	อ	◌่	◌ี	ท	ห
ฟ	ล	อ	ร	า	ช	ท	า	ข	เ	◌ู	ภ	ห	ซ	ล
ไ	ร	แ	ย	ญ	ส	ไ	◌ั	ก	ล	ไ	ต	ช	ธ	า
ค	ก	ฟ	ส	ฉ	ฝ	ป	ช	◌่	า	ท	ว	ข	พ	ก
ส	า	ย	พ	◌ั	น	ธ	◌ุ	◌์	ว	ศ	ะ	ณ	◌ี	ห
น	ย	จ	แ	ล	◌้	ง	ท	จ	ร	โ	บ	เ	ช	ล
า	พ	ข	ฝ	ช	ซ	◌ื	ช	ธ	ร	ช	ล	ย	ล	า
ข	◌ั	ห	ศ	น	ซ	บ	ด	ส	ย	◌ุ	ม	ก	ย	ย
อ	ร	ส	◌ั	ต	ว	◌์	ป	◌่	า	ม	ป	บ	ธ	ฟ
ไ	ท	ย	◌ั	◌่	ง	ย	◌ี	น	ฝ	ช	ท	น	ถ	ร
ก	า	ร	อ	ย	◌ู	◌่	ร	อ	ด	น	ค	ไ	ศ	ค

ภูมิอากาศ
ชุมชน
ความหลากหลาย
สายพันธุ์
สัตว์ป่า
ฟลอรา
ทั่วโลก
ที่อยู่อาศัย
ทะเล
ภูเขา
เป็นธรรมชาติ
ธรรมชาติ
บึง
ทรัพยากร
แล้ง
การอยู่รอด
ยั่งยืน
พืช
อาสาสมัคร

50 - Família

ห	น	ถ	ส	ป	เ	ป	ก	เ	ต	ด	ะ	ย	ค	ก
ส	◌ั	ล	ล	◌ุ	ง	ก	ไ	ส	ถ	ร	ค	ศ	ร	ธ
อ	อ	ร	ด	ญ	ฉ	ภ	ห	ฟ	บ	ถ	ภ	แ	ล	ธ
ผ	ง	อ	น	◌้	ก	ล	◌ู	พ	◌ี	◌่	ก	◌ู	ล	ศ
า	ช	ไ	ต	ข	ธ	เ	ล	ธ	ว	แ	ค	ผ	ศ	บ
ข	า	ห	ล	า	น	ข	ด	ม	า	ร	ด	า	ช	ง
ว	ย	า	ช	น	า	ล	ห	◌็	ส	ภ	ษ	แ	ม	◌่
ต	◌ั	ป	ไ	ม	อ	ฝ	ไ	จ	ก	น	ร	ช	ฟ	ศ
ท	ช	ย	า	ย	า	ภ	ถ	ะ	◌ู	◌้	◌ุ	ร	ง	ะ
ถ	ห	ไ	เ	ป	◌ู	◌่	ก	ธ	ล	อ	◌ุ	ร	ย	ไ
ส	า	ม	◌ี	ด	ฝ	แ	า	ฝ	ษ	ง	บ	ป	เ	า
เ	า	ง	บ	ท	◌็	ผ	เ	แ	ย	ส	พ	ร	ห	ก
ล	ด	ง	ห	ไ	า	ก	ฉ	ร	ช	า	ร	ห	อ	บ
พ	◌่	อ	ซ	เ	ฉ	ป	ไ	จ	ะ	ว	ร	ไ	ล	ช
ป	◌้	า	ห	ล	า	น	ส	า	ว	ภ	บ	ข	เ	ผ

บรรพบุรุษ
ยาย
ปู่
เด็ก
ภรรยา
ลูกสาว
ฝาแฝด
วัยเด็ก
น้องสาว
น้องชาย
สามี
มารดา
แม่
หลาน
พ่อ
ลูกพี่ลูกน้อง
หลานสาว
หลานชาย
ป้า
ลุง

51 - Férias #2

ก	ฉ	ก	ไ	เ	ร	ป	ฟ	ป	ญ	ว	า	บ	อ	ภ
า	ข	เ	◌ู	ภ	ญ	ล	พ	ล	แ	ผ	น	ท	◌ี	◌่
ร	เ	ต	◌็	น	ท	◌์	ะ	า	ก	เ	◌ิ	ช	ฝ	เ
เ	ว	โ	ร	ง	แ	ร	ม	ย	ง	เ	บ	า	า	ฟ
ด	ร	◌ั	ป	อ	ร	ฝ	ย	ท	ก	แ	ม	ว	ล	ห
◌ิ	ด	◌้	น	จ	ถ	ภ	อ	า	า	ท	า	ต	ม	ค
น	บ	บ	า	ห	ป	ฉ	ร	ง	ร	◌็	น	◌่	ว	ข
ท	ญ	ญ	จ	น	ย	ร	อ	ง	ข	ก	ส	า	า	ป
า	ช	ย	ษ	ต	อ	◌ุ	ผ	า	น	ซ	ค	ง	ญ	ง
ง	แ	า	ม	ไ	ส	า	ด	◌่	ส	◌ี	ญ	ช	ส	ฟ
ไ	ซ	◌่	ย	ญ	ภ	ล	ห	ว	◌่	◌่	ซ	า	ว	ท
ป	พ	ถ	ว	ห	ต	ป	ด	า	ง	ผ	ล	ต	ญ	ะ
ค	ก	พ	ธ	ฝ	า	ง	ง	ล	ร	ซ	ฉ	◌ิ	ส	เ
ต	ญ	า	ก	พ	ไ	ด	ด	ว	ว	◌ี	ซ	◌่	า	ล
ธ	ย	ภ	ผ	ด	พ	ธ	ศ	เ	ด	ม	ะ	ธ	ม	ณ

สนามบิน
ปลายทาง
ชาวต่างชาติ
วันหยุด
ภาพถ่าย
โรงแรม
เกาะ
เวลาว่าง
แผนที่
ทะเล
ภูเขา
ชายหาด
จอง
ร้านอาหาร
แท็กซี่
เต็นท์
การขนส่ง
การเดินทาง
วีซ่า

52 - Edifícios

ค	ค	ธ	ธ	ต	ท	ษ	ด	ว	ร	ต	ห	ถ	ธ	ฝ
โ	ฝ	แ	ช	ไ	า	ไ	ฟ	ษ	ง	◌ู	ย	◌้	ต	ษ
โ	ร	ษ	ญ	ไ	ส	ษ	บ	ง	ม	ท	เ	ส	า	ง
ร	ไ	ง	ก	ษ	า	ห	ศ	ท	◌์	น	◌็	ต	เ	ง
ง	น	ท	แ	◌์	ร	ต	น	ย	พ	า	ภ	ง	ร	โ
พ	ก	ษ	ณ	ร	ป	า	ล	อ	บ	ถ	ฟ	โ	พ	ส
ย	อ	ค	อ	ห	ม	ท	ห	ล	ม	ส	บ	ร	◌ิ	น
า	โ	ก	ด	ฉ	ว	บ	ล	◌ิ	ซ	ร	ถ	ง	พ	า
บ	ร	ธ	ณ	น	ห	ล	ข	แ	ว	ว	ท	ร	◌ิ	ม
า	ง	แ	ม	ญ	ท	โ	ร	ง	ง	า	น	ถ	ธ	ก
ล	เ	โ	ร	ง	น	า	ว	ฝ	ป	ด	ห	ไ	ภ	◌ี
ส	ร	ล	ศ	ง	จ	ฝ	ล	ม	ล	◌ู	เ	ม	◌ั	ฟ
ะ	◌ี	โ	ร	ง	ล	ะ	ค	ร	ฝ	ด	อ	น	ณ	า
ล	ย	ผ	ฝ	บ	ท	ม	ท	ธ	ก	อ	ช	ย	ฑ	อ
ฝ	น	ฟ	า	ร	◌์	ม	า	ง	า	ห	ว	ล	◌์	ผ

ห้าง
ปราสาท
มหาวิหาร
โรงนา
โรงภาพยนตร์
สถานทูต
โรงเรียน
สนามกีฬา
ฟาร์ม
โรงงาน
โรงรถ
โรงพยาบาล
โรงแรม
พิพิธภัณฑ์
หอดูดาว
โรงละคร
เต็นท์
หอคอย

53 - Xadrez

ผ	◌ู	◌้	เ	ล	◌่	น	แ	ว	ะ	ธ	า	ก	ฟ	ภ
ณ	ฉ	ร	ภ	ะ	ก	น	ม	ช	พ	ฝ	ค	ด	ะ	จ
ง	ศ	เ	ก	ฝ	ฎ	แ	ด	ซ	ม	า	ช	ย	เ	ศ
อ	ถ	เ	ย	ศ	บ	ะ	ไ	ษ	ม	ป	ธ	ธ	ง	ผ
เ	ส	◌ี	ด	◌ำ	ฝ	ค	ง	ย	◌ุ	ข	◌์	ห	ม	ง
เ	ค	ว	า	ม	ส	ณ	ะ	า	ง	ส	ท	ส	น	ก
ก	ร	ษ	ห	ก	ผ	ว	า	ท	ย	เ	◌ุ	ฉ	ร	า
ญ	ต	◌ี	อ	◌ุ	ท	◌ิ	ศ	า	แ	ค	ย	จ	ร	ร
ธ	ผ	ธ	ย	ผ	แ	ค	น	◌้	ท	า	ล	ว	เ	แ
ง	พ	ส	บ	น	แ	า	ม	ท	น	า	ก	า	ฟ	ข
ณ	ซ	ซ	ษ	◌ี	ร	เ	ก	ม	◌้	ซ	ซ	ข	ด	◌่
ว	ช	ณ	ฝ	ว	ร	◌ู	จ	า	ส	า	บ	ล	ซ	ง
ก	ว	ซ	ะ	ค	ะ	ล	◌้	ว	เ	ค	ผ	ไ	น	ข
ไ	ธ	ง	ข	◌่	แ	◌่	◌ู	ค	ล	ก	แ	ย	ซ	◌ั
ธ	ป	ฉ	ก	ษ	◌ั	ต	ร	◌ิ	ย	◌์	า	ฟ	ษ	น

เรียนรู้
ขาว
แชมป์
ความท้าทาย
เส้นทแยงมุม
กลยุทธ์
ผู้เล่น
เกม
คู่แข่ง
รู
คะแนน
สีดำ
ควีน
กฎ
กษัตริย์
อุทิศ
เวลา
การแข่งขัน

54 - Aventura

เ	เ	จ	น	ป	ล	า	ย	ท	า	ง	ม	ก	ค	ท
ว	ส	ง	อ	่	ร	ำ	น	อ	ห	ศ	ก	า	ว	ั
ม	ซ	า	่	ย	า	ร	ต	น	ั	อ	ร	ร	า	ศ
ว	ด	ร	ี	จ	ต	แ	ช	่	ม	ห	ใ	ต	ม	น
ะ	ษ	ย	พ	ภ	ษ	ล	ป	ร	ร	ด	ซ	ร	ก	ศ
แ	ว	แ	เ	ไ	ค	ข	ใ	ล	ร	ค	ป	ะ	ล	ึ
ธ	โ	อ	ก	า	ส	แ	พ	ะ	ก	น	พ	เ	้	ก
อ	ร	จ	ส	จ	ป	แ	ป	ผ	จ	ใ	แ	ต	า	ษ
บ	ข	ร	ช	ต	ิ	ก	ป	ด	ิ	ผ	จ	ร	ห	า
ว	ย	ถ	ม	ฝ	แ	ศ	พ	บ	ก	น	ข	ี	า	ห
ล	แ	ข	ห	ช	ใ	ฉ	ณ	ะ	จ	ว	ม	ย	ญ	า
ถ	น	อ	ญ	ม	า	ง	ม	า	ว	ค	ถ	ม	ร	ศ
ศ	ศ	ฝ	ฝ	จ	ห	ต	ใ	ไ	ธ	า	ค	ใ	ล	ช
ร	ม	ณ	ภ	ป	ย	ช	ิ	ง	ห	ส	ฝ	ศ	อ	ธ
ค	ว	า	ม	ย	า	ก	จ	ะ	ส	ร	พ	ฉ	ค	ถ

จอย
เพื่อน
กิจกรรม
ความงาม
ความกล้าหาญ
โอกาส
ปลายทาง
ความยาก
ทัศนศึกษา
ผิดปกติ
ธรรมชาติ
นำร่อง
ใหม่
อันตราย
การตระเตรียม
น่าแปลกใจ

55 - Cidade

พ	◌ิ	พ	◌ิ	ธ	ภ	◌ั	ณ	ฑ	◌์	ไ	ส	ส	ค	ห
โ	ร	ง	ล	ะ	ค	ร	โ	ร	ฟ	ว	ส	ส	ล	◌้
ส	น	า	ม	บ	◌ิ	น	ง	ร	ะ	ม	บ	ว	◌ิ	อ
ณ	อ	ห	ห	พ	า	ร	พ	ธ	ง	ษ	ด	ป	น	ง
ส	ย	อ	จ	ค	ฬ	◌้	แ	น	อ	เ	ข	ณ	◌ิ	ส
ภ	◌่	ส	ห	ต	◌ี	า	ด	า	ล	ต	ร	◌่	ก	ม
ข	◌ี	◌ี	เ	ฟ	ก	น	อ	ค	เ	ต	า	◌ี	ผ	◌ุ
โ	ร	ง	แ	ร	ม	ข	ก	า	จ	ช	ห	ร	ย	ด
ธ	อ	น	เ	ล	า	า	ไ	ร	ฉ	ถ	า	อ	ง	น
น	ล	◌ั	ร	ฝ	น	ย	ม	ฝ	ย	ฝ	อ	ก	ส	พ
ว	เ	ห	ล	◌้	ส	ย	◌้	ธ	ฉ	ก	น	เ	ด	ล
แ	ล	น	ณ	า	า	า	ด	ค	แ	น	า	บ	ธ	บ
ไ	ก	า	บ	ไ	ห	น	◌ี	ย	ณ	ผ	◌้	เ	ณ	ม
บ	แ	◌้	ส	ว	น	ส	◌ั	ต	ว	◌์	ร	ท	ณ	ช
ก	ง	ร	โ	ร	ง	ภ	า	พ	ย	น	ต	ร	◌์	ฝ

สนามบิน
ธนาคาร
ห้องสมุด
โรงภาพยนตร์
คลินิก
โรงเรียน
สนามกีฬา
ร้านขายยา
ดอกไม้ดี
แกลเลอรี่
โรงแรม
สวนสัตว์
ร้านหนังสือ
ร้าน
ตลาด
พิพิธภัณฑ์
เบเกอรี่
ร้านอาหาร
โรงละคร

56 - Música

ค	ว	า	ม	ส	า	ม	◌ั	ค	ค	◌ี	พ	ฟ	ฟ	ค
ฝ	ไ	ด	◌่	ก	ษ	ถ	ด	ณ	ก	ศ	ถ	ว	จ	ล
ภ	ซ	ด	ะ	ร	า	น	◌ั	ก	ด	น	ต	ร	◌ี	า
ต	อ	ไ	ว	ฝ	ป	ร	เ	ผ	ห	แ	อ	ด	ษ	ส
ร	ด	ม	ห	จ	ะ	เ	บ	ณ	ภ	แ	ช	ท	ถ	ส
า	า	โ	ง	ป	น	น	อ	◌ั	บ	ท	ก	ว	◌ี	◌ิ
ส	ล	ค	◌ั	ร	◌ิ	◌ี	ล	โ	น	า	ล	ท	ฉ	ก
า	ล	ร	จ	ธ	ฝ	ร	ษ	ไ	า	ท	ถ	ไ	ม	ธ
ร	◌ั	โ	น	ง	ถ	ต	ฟ	น	ณ	ช	◌ึ	ผ	ธ	ป
ญ	บ	ฟ	บ	◌ั	ะ	น	ษ	ฝ	ญ	ถ	ค	ก	ณ	ไ
ฝ	ห	น	ศ	ห	ก	ด	ไ	ฝ	บ	ภ	ล	ส	ศ	ง
ส	ผ	ณ	ต	ข	จ	ร	อ	◌ั	ล	บ	◌ั	◌้	ม	ป
ภ	ง	ล	พ	เ	ง	อ	◌้	ร	ฝ	ย	น	แ	ท	บ
ผ	ส	ม	ผ	ส	า	น	แ	อ	◌่	โ	ะ	◌๊	อ	โ
ซ	ก	ช	น	ค	พ	ด	ษ	จ	ง	อ	น	◌ำ	ท	ะ

อัลบั้ม
บัลลาด
ร้องเพลง
นักร้อง
คลาสสิก
ผสมผสาน
การบันทึก
ความสามัคคี
โอ๊ะโอ่
ตราสาร
ลีริคัล
ทำนอง
ไมโครโฟน
ดนตรี
นักดนตรี
โอเปร่า
บทกวี
จังหวะ

57 - Matemática

ย	ฟ	ท	ต	ฉ	ญ	ว	ห	ส	ะ	ญ	เ	ม	ส	บ
ษ	ห	ด	◌ั	ห	ก	พ	ญ	บ	ซ	พ	ส	ง	ม	ข
ธ	ณ	ไ	◌ั	พ	ม	ร	แ	ไ	ฟ	ภ	◌้	ง	ม	เ
เ	ธ	ท	ง	ต	ข	า	◌ั	บ	า	ถ	น	ป	า	ล
บ	ษ	น	ฉ	ต	ซ	ช	ย	ศ	เ	ล	ร	ญ	ต	ข
ม	น	ศ	า	ษ	ไ	ณ	ต	เ	ม	น	อ	ส	ร	ค
ห	อ	ช	ก	น	ผ	แ	ช	ณ	ล	◌ี	บ	ข	ห	ณ
า	ญ	ข	ษ	ว	ข	า	ส	ญ	อ	ข	ว	อ	ภ	◌ิ
เ	ศ	ษ	ส	◌่	ว	น	ค	ม	ง	ณ	ง	บ	ท	ต
ม	บ	ม	ม	ฝ	ร	น	เ	ท	ศ	ข	ซ	ต	อ	ร
จ	ค	◌ุ	ร	ะ	ว	ณ	ษ	ฝ	า	ะ	ะ	ป	อ	น
ท	ไ	ม	พ	ย	ม	ย	◌ิ	น	ศ	ท	ล	ษ	ย	ะ
ธ	ห	ส	า	ม	เ	ห	ล	◌ี	◌่	ย	ม	ง	บ	ไ
เ	ร	ข	า	ค	ณ	◌ิ	ต	ต	◌ั	ว	แ	ท	น	จ
ไ	ภ	ว	ท	จ	ส	ม	ก	า	ร	ส	ป	ผ	ท	แ

เลขคณิต
มุม
เส้นรอบวง
ทศนิยม
แผนก
สมการ
ตัวแทน
เศษส่วน
เรขาคณิต

องศา
หมายเลข
ขนาน
ขอบ
ตั้งฉาก
รัศมี
สมมาตร
รวม
สามเหลี่ยม

58 - Saúde e Bem Estar #1

จ	ว	ฉ	ส	ม	ร	ณ	ถ	ผ	ณ	จ	ข	ร	ะ	ส
ฉ	ย	ต	ต	ห	ย	ร	◌ี	เ	◌ี	ท	ค	บ	แ	ะ
แ	น	ส	ง	ไ	า	ย	ย	า	ข	น	า	◌้	ร	ท
ต	ผ	ท	ล	ณ	ล	น	◌ิ	ส	◌ั	ย	ห	ม	อ	◌้
ก	◌ิ	ว	ล	◌่	ค	แ	ง	อ	◌่	ล	ค	ส	ษ	อ
ห	ว	เ	ส	◌้	น	ป	ร	ะ	ส	า	ท	ณ	ช	น
◌ั	ร	เ	เ	ผ	อ	ม	ด	ค	ว	า	ม	ห	◌ิ	ว
ก	ง	า	ท	า	◌่	ท	โ	บ	ส	ย	ร	ค	จ	ก
ธ	◌ู	ษ	ต	ท	ผ	ร	จ	◌์	◌ั	ห	ล	เ	ฟ	ร
ท	ส	ก	า	ด	◌ั	บ	◌ำ	บ	ร	า	ก	ผ	ษ	ะ
เ	ม	◌ั	ค	ล	◌ิ	น	◌ิ	ก	ว	อ	ซ	ด	ช	ด
ห	า	ร	ต	แ	ป	ถ	ป	ภ	ไ	ฉ	ฮ	ไ	ช	◌ู
น	ว	ร	ล	แ	ค	ใ	น	ล	ห	ไ	จ	ค	ว	ก
ว	ค	า	ธ	บ	ด	น	ด	แ	ฝ	ธ	ธ	ก	ช	ะ
ภ	ก	ก	ฉ	ต	ซ	ฟ	ป	ง	ค	ร	ช	ผ	ฝ	ผ

ความสูง
คล่องแคล่ว
แบคทีเรีย
คลินิก
หมอ
ร้านขายยา
ความหิว
แตกหัก
นิสัย
ฮอร์โมน
ยา
เส้นประสาท
กระดูก
ผิว
ท่าทาง
สะท้อน
ผ่อนคลาย
การบำบัด
การรักษา
ไวรัส

59 - Natureza

ไ	แ	ห	ฉ	ผ	ว	ท	ว	ส	ผ	ช	ไ	อ	ธ	ค
ท	น	ถ	เ	ท	ล	ร	ไ	ง	◌้	◌ึ	ผ	า	า	ว
ะ	ย	ศ	ไ	ศ	ป	า	ข	บ	ญ	ว	ล	ร	ร	า
เ	ฉ	ษ	เ	เ	◌่	ส	ผ	ต	เ	ล	บ	◌์	น	ม
ล	ส	ฟ	ร	ก	า	ง	า	ซ	ธ	ฝ	ษ	ก	◌้	ง
ท	ก	เ	ข	ต	ร	◌้	อ	น	อ	◌่	ร	ต	◌ำ	า
ร	ผ	จ	ญ	ไ	ณ	ย	ส	ท	ไ	ต	ธ	◌ิ	แ	ม
า	ข	เ	◌ู	ภ	ง	ง	ค	ถ	ษ	ส	ภ	ก	ข	ส
ย	ภ	◌ั	บ	ล	ห	◌่	◌ี	ท	พ	ห	ศ	ย	◌็	◌ำ
ค	ธ	เ	ม	ฆ	ม	พ	◌ิ	◌ำ	ย	ล	ม	ร	ง	ค
ใ	บ	ไ	ม	◌้	ใ	ศ	อ	น	ค	ก	ว	อ	ข	◌ั
ถ	บ	อ	ป	ผ	ฝ	อ	ข	◌้	ม	ห	◌์	◌ั	ก	ญ
ษ	ว	น	ส	ย	ญ	ท	ท	◌่	ะ	ภ	ต	ย	ต	ม
บ	ย	ก	ย	ศ	น	ฟ	ศ	ม	เ	แ	◌ั	ฝ	ไ	า
ญ	ศ	ท	ฟ	ศ	จ	ป	า	แ	ฉ	ข	ส	ป	ซ	ก

ผึ้ง
ที่หลบภัย
สัตว์
อาร์กติก
ความงาม
ทะเลทราย
พลวัต
ร่อน
ป่า
ใบไม้
ธารน้ำแข็ง
ภูเขา
หมอก
เมฆ
สงบ
แม่น้ำ
นิ่ง
เขตร้อน
สำคัญมาก

60 - A Empresa

ไ	ป	ท	ช	า	ญ	ย	ร	ธ	ย	ช	พ	อ	ไ	ส
น	ว	◌ั	ต	ก	ร	ร	ม	◌ุ	น	◌ี	ซ	◌ุ	ข	ร
ผ	ห	ร	ก	า	ย	พ	◌ั	ร	ท	◌่	ะ	ต	ย	◌้
ก	า	ร	ล	ง	ท	◌ุ	น	ก	พ	อ	ค	ส	ก	า
ก	ด	ฟ	ผ	ภ	ข	ญ	ท	◌ิ	ฟ	เ	ถ	า	า	ง
ก	า	ธ	ย	พ	แ	อ	ฝ	จ	ข	ส	ซ	ห	ร	ส
า	ไ	ร	ฝ	ข	ง	ม	ม	ล	บ	◌ี	ฟ	ก	น	ร
ร	ท	ณ	ต	า	ฟ	ว	เ	◌ี	ผ	ย	ไ	ร	◌ำ	ร
จ	ต	◌ั	ช	◌ั	อ	บ	ส	ฟ	อ	ง	น	ร	เ	ค
◌้	ล	ท	◌่	◌้	ด	ไ	ย	า	ร	อ	พ	ม	ส	◌์
า	ะ	ส	ภ	ว	จ	ส	ง	ป	ฉ	ง	า	ง	น	ผ
ง	ซ	น	แ	ณ	โ	ย	◌ิ	ต	ธ	ช	ภ	ช	อ	ย
ง	ห	น	◌่	ว	ย	ล	ภ	น	พ	ฝ	ณ	ล	◌ี	า
า	ษ	ซ	น	ก	ย	ร	ก	ท	ไ	า	◌ุ	ห	ม	พ
น	ผ	ล	◌ิ	ต	ภ	◌ั	ณ	ฑ	◌์	จ	ค	ศ	ย	ษ

การนำเสนอ
สร้างสรรค์
การตัดสินใจ
การจ้างงาน
ทั่วโลก
อุตสาหกรรม
นวัตกรรม
การลงทุน
ธุรกิจ
ผลิตภัณฑ์
มืออาชีพ
คุณภาพ
รายได้
ทรัพยากร
ชื่อเสียง
หน่วย

61 - Doença

ท	ข	า	ด	อ	ป	บ	ก	◌ั	ว	ย	◌่	◌ี	ก	เ
า	บ	ผ	ส	จ	ะ	ย	า	ก	ง	า	◌่	ร	ภ	โ
ง	ห	า	ส	ว	ผ	ม	ร	ด	โ	น	◌ิ	ซ	◌ู	ร
พ	◌ั	ข	ฟ	ต	ไ	ซ	อ	ม	พ	พ	ไ	ช	ม	ค
◌ั	ว	ด	บ	ท	แ	ะ	◌ั	ม	ว	ส	ย	ม	◌ิ	ป
น	ไ	เ	ภ	ป	ภ	ก	ก	ร	ก	ญ	ผ	ส	ค	ร
ธ	จ	ป	ร	◌ู	ผ	ร	เ	น	ษ	ม	ญ	◌ุ	◌ุ	ะ
◌ุ	ไ	ม	ข	◌ี	ม	ร	ส	ณ	ภ	ญ	ษ	ข	◌้	ส
ก	ย	ม	ก	า	◌้	◌ิ	บ	เ	ไ	ไ	า	ภ	ม	า
ร	า	ถ	ผ	ร	ห	อ	แ	น	อ	◌่	อ	า	ก	ท
ร	ห	น	ะ	ฉ	ะ	ต	ร	พ	ข	ญ	ะ	พ	◌ั	อ
ม	ท	◌้	อ	ง	ไ	ด	อ	◌ั	◌้	ล	ส	ณ	น	ว
ล	◌ุ	ม	บ	า	ร	◌์	◌ู	ไ	ง	ญ	ภ	ไ	ก	า
เ	ช	◌ื	◌้	อ	โ	ร	ค	ก	ก	ถ	ไ	ด	ฝ	ร
อ	ฟ	เ	ก	ร	ร	ม	พ	◌ั	น	ธ	◌ุ	◌์	ท	ภ

ท้อง
ภูมิแพ้
หัวใจ
ร่างกาย
เรื้อรัง
อ่อนแอ
ทางพันธุกรรม
กรรมพันธุ์
ภูมิคุ้มกัน
การอักเสบ
ลมบาร์
โรคประสาท
กระดูก
เชื้อโรค
เกี่ยวกับปอด
หายใจ
สุขภาพ
ซินโดรม

62 - Aquecimento Global

อ	◌ุ	ณ	ห	ภ	◌ู	ม	◌ิ	ถ	ม	น	ต	ม	ฝ	ฟ
ง	ผ	ล	ท	◌ี	◌่	ต	า	ม	ม	า	ย	น	ส	ว
อ	ภ	จ	ผ	ผ	ค	ข	ผ	ษ	ถ	ภ	ไ	◌ุ	◌ำ	ด
น	◌ู	ก	ม	ฝ	อ	า	ร	ษ	ห	จ	น	ษ	ค	ล
ร	ม	ง	ฎ	า	ฝ	ป	ท	า	อ	ไ	ม	ย	◌ั	ม
◌ุ	◌ิ	ไ	ท	ห	พ	ล	◌ั	ง	ง	า	น	◌์	ญ	◌ู
◌่	อ	ร	ป	น	ม	แ	ก	ต	◌ิ	ก	◌์	ร	า	อ
น	า	ฉ	ร	ค	ถ	า	ษ	อ	ค	แ	ห	อ	น	◌้
ผ	ก	ฟ	ะ	ป	น	ก	ย	น	ร	า	ห	ร	ฒ	ข
จ	า	ษ	ช	ต	ต	ภ	ท	น	จ	◌ั	น	ช	◌ั	ท
ล	ศ	ห	า	ร	◌ิ	ต	ศ	◌ี	บ	ไ	ฐ	อ	พ	ฝ
เ	ส	◌๊	ก	แ	ฤ	เ	ฟ	◌้	เ	ส	ค	บ	ร	ส
ธ	ช	ม	ร	ร	ก	ห	า	ส	ต	◌ุ	อ	ม	า	ณ
ว	ท	ป	ฉ	ท	◌ิ	ฝ	น	ฟ	ฝ	แ	ฟ	ภ	ก	ล
ซ	า	ต	ษ	ภ	ว	ค	ว	า	ม	ส	น	ไ	จ	ด

ตอนนี้
ความสนใจ
อาร์กติก
ภูมิอากาศ
ผลที่ตามมา
วิกฤติ
ข้อมูล
การพัฒนา
พลังงาน
อนาคต
แก๊ส
รุ่น
รัฐบาล
มนุษย์
อุตสาหกรรม
กฎหมาย
ประชากร
สำคัญ
อุณหภูมิ

63 - Aviões

ท	◌่	า	เ	ร	◌ื	อ	ก	ต	ณ	ซ	ร	น	เ	ส
ก	ษ	ญ	ข	ฟ	น	ง	ถ	ห	ญ	ต	ะ	ค	ผ	แ
ล	ธ	ญ	ฝ	แ	ญ	◌ั	น	จ	เ	ร	ด	โ	ฮ	ไ
ก	ง	า	ท	ศ	◌ิ	ท	ก	ธ	บ	ธ	◌ั	ซ	ล	เ
ศ	า	ก	า	อ	แ	พ	แ	บ	อ	ส	บ	ง	◌ู	ช
ฉ	ร	ร	พ	เ	เ	ผ	ศ	ค	◌ิ	อ	ค	แ	ก	◌ื
ศ	◌้	ก	ผ	ร	ส	ว	ซ	ข	อ	น	ว	ฝ	โ	◌้
ผ	ส	จ	ข	จ	ด	อ	ท	ก	ต	ร	า	ก	ป	อ
ย	อ	ค	ศ	เ	ญ	ษ	ก	ข	ะ	ไ	ม	ผ	◌่	เ
ช	◌่	ม	ะ	ก	ะ	ภ	ญ	ว	ศ	ธ	ส	ไ	ง	พ
ไ	ก	เ	บ	ฉ	ณ	ซ	◌ั	ว	ก	ถ	◌ู	น	อ	ล
อ	ร	◌ื	เ	ก	◌ู	ล	ะ	ย	พ	ท	ง	ด	พ	◌ิ
น	า	ข	ช	ผ	◌ู	◌้	โ	ด	ย	ส	า	ร	ธ	ง
ห	ก	ค	ว	า	ม	ส	◌ู	ง	ล	ย	ถ	ซ	ผ	ป
ห	ด	ส	ท	ภ	ท	◌้	อ	ง	ฟ	◌้	า	ไ	ญ	ผ

ระดับความสูง
ความสูง
อากาศ
ท่าเรือ
การผจญภัย
ลูกโป่ง
ท้องฟ้า
เชื้อเพลิง
การก่อสร้าง
การตกทอด
ทิศทาง
ไฮโดรเจน
พอง
ผู้โดยสาร
นักบิน
ลูกเรือ

64 - Tipos de Cabelo

ถ	ผ	น	ป	ง	ญ	า	ท	เ	◌ี	ส	ร	ห	ย	ว
◌ั	า	ห	ย	◌ั	ก	ต	ช	ง	ส	ไ	ฉ	ไ	น	ะ
ก	ะ	ฟ	ณ	เ	◌ิ	ไ	ซ	◌ิ	◌ี	ะ	ข	ด	ภ	า
เ	ศ	ไ	ะ	ย	ย	ศ	ณ	น	น	ส	ม	า	ไ	ณ
ป	ฝ	อ	ห	ง	ห	เ	ท	แ	◌้	◌ี	ป	แ	ว	พ
◌ี	น	จ	ก	◌ั	ถ	ง	ภ	อ	◌ำ	บ	ส	ถ	ล	แ
ย	จ	ต	ม	ช	ว	า	ย	ข	ต	ล	ญ	ก	ญ	ห
ย	ข	ฟ	ร	น	ก	ล	ม	ฝ	า	อ	อ	ธ	ณ	◌้
แ	ข	◌็	ง	แ	ร	ง	◌้	ถ	ล	น	ว	ถ	อ	ง
ผ	ะ	ม	เ	ณ	ษ	ร	น	า	ณ	ด	น	ศ	ไ	ห
อ	◌่	อ	น	น	◌ุ	◌่	ม	ไ	น	◌์	า	ฝ	ก	น
ท	ย	ญ	ฝ	ส	ม	ช	พ	เ	ผ	า	อ	ข	ธ	◌ำ
ฉ	บ	ส	ม	◌ั	ล	ร	ต	ผ	ม	ป	ข	เ	ไ	ด
ะ	า	ฉ	ท	◌้	แ	ส	ม	ด	ญ	น	ร	ธ	ส	◌ี
ต	ง	ศ	ด	น	า	ถ	บ	จ	ะ	ห	ศ	น	ข	ส

ขาว
เงา
หัวล้าน
สีเทา
สี
สั้น
หยิก
บาง
หนา
สีบลอนด์
ยาว
สีน้ำตาล
หยัก
เงิน
สีดำ
แข็งแรง
แห้ง
อ่อนนุ่ม
ถัก
ถักเปีย

65 - Criatividade

อ	ค	ล	ข	แ	ไ	ฉ	ภ	ศ	ฉ	ฉ	น	ช	ต	ม
ห	า	ว	ซ	ง	ร	แ	า	บ	ะ	บ	จ	แ	ท	◌้
ก	ช	ร	า	ถ	ม	ง	พ	ร	ไ	อ	เ	จ	น	ป
ฟ	◌ี	ต	ม	ม	ณ	ฝ	บ	ง	ซ	ซ	ด	เ	ป	ร
ส	ร	ศ	ษ	ณ	ร	ภ	ล	◌ั	ฉ	ข	◌ั	ถ	ญ	ะ
อ	ป	ธ	ก	ล	◌์	◌ู	ด	ล	น	ญ	ช	ฉ	พ	ด
อ	ภ	ฝ	ย	ท	ช	ง	◌้	พ	ฟ	ด	ม	ถ	ย	◌ิ
ส	ณ	ข	ง	ช	ษ	ร	ผ	ส	ผ	ห	า	ค	ล	ษ
ท	ค	ร	ข	ป	ง	อ	จ	ณ	◌ึ	แ	ว	ล	ว	ฐ
◌ั	จ	◌ิ	น	ต	น	า	ก	า	ร	ก	ค	ห	ไ	◌์
ก	อ	อ	ง	ด	ส	แ	ร	า	ก	ร	พ	ไ	ญ	จ
ษ	ภ	ฉ	ไ	ค	ว	า	ม	เ	ข	◌้	ม	ข	◌้	น
ะ	ด	ร	า	ม	◌่	า	ก	ถ	น	◌ิ	ม	◌ิ	ต	ถ
ค	ว	า	ม	ป	ร	ะ	ท	◌ั	บ	ไ	จ	ฟ	ะ	น
ศ	◌ิ	ล	ป	ะ	ร	ภ	ล	ป	ค	า	น	ธ	เ	ณ

ศิลปะ
แท้
ความชัดเจน
ดราม่า
อารมณ์
การแสดงออก
ไหล
ทักษะ
ภาพ
จินตนาการ
ความประทับใจ
แรงบันดาลใจ
ความเข้มข้น
ปรีชา
ประดิษฐ์
ความรู้สึก
นิมิต
พลัง

66 - Dias e Meses

ล	ผ	ก	ต	ว	◌ั	น	อ	◌ั	ง	ค	า	ร	ถ	ซ
ซ	ก	ม	ร	◌ุ	ะ	ป	ถ	ศ	ธ	ท	ส	ฉ	ข	ต
ด	ก	ไ	ห	ก	ล	ธ	◌ั	น	ว	า	ค	ม	ธ	ต
◌ี	ป	ผ	ท	ผ	ฎ	า	ว	◌ั	น	ศ	◌ุ	ก	ร	◌์
บ	ข	ข	ฉ	ไ	ย	า	ค	ณ	น	แ	ห	ม	◌์	เ
ส	ไ	ษ	ข	ม	ห	ห	ค	ม	ย	ษ	บ	ก	ท	ว
ห	เ	า	ถ	น	ค	◌์	ศ	ม	า	ฝ	ร	ร	น	ง
◌ั	บ	ก	◌ุ	ม	ภ	า	พ	◌ั	น	ธ	◌์	า	จ	ง
ฤ	เ	ด	◌ื	อ	น	ด	ห	ไ	ถ	ก	า	ค	◌ั	ฟ
พ	ฝ	ศ	ณ	ก	ค	ป	ข	ง	◌ุ	ผ	ส	ม	น	ว
น	ย	า	ษ	ม	เ	◌ั	ง	ซ	◌ิ	ไ	เ	พ	◌ั	น
◌ั	ก	ซ	ภ	ค	ก	ส	ท	ซ	ม	ส	น	แ	ว	ท
ว	◌ั	น	อ	า	ท	◌ิ	ต	ย	◌์	ษ	◌ั	ป	ค	ค
พ	ฤ	ศ	จ	◌ิ	ก	า	ย	น	ฝ	ง	ว	อ	ป	อ
ร	ญ	ก	◌ั	น	ย	า	ย	น	ท	◌ิ	◌ิ	ฎ	ป	น

เมษายน
สิงหาคม
ปี
ปฏิทิน
ธันวาคม
วันอาทิตย์
กุมภาพันธ์
มกราคม
กรกฎาคม
มิถุนายน
เดือน
พฤศจิกายน
ตุลาคม
วันพฤหัสบดี
วันเสาร์
วันจันทร์
สัปดาห์
กันยายน
วันศุกร์
วันอังคาร

67 - Saúde e Bem Estar #2

พ	ส	จ	ป	ง	ร	แ	ง	◌็	ข	แ	ค	ร	ภ	พ
ล	◌ุ	โ	ร	ค	น	ค	ช	ฉ	น	พ	ล	◌่	ฉ	◌ั
◌ั	ข	ง	ต	ช	เ	ล	ภ	ค	ม	ส	อ	า	ด	น
ง	อ	ภ	ห	ป	ล	อ	◌ู	ไ	◌ิ	ณ	ช	ง	อ	ธ
ง	น	ก	ถ	ไ	◌ี	ร	ม	ไ	า	แ	◌ี	ก	ค	◌ุ
า	า	น	า	เ	อ	◌ี	◌ิ	ง	ต	ช	◌้	า	ว	ศ
น	ม	◌้	อ	ร	ด	◌่	แ	ะ	◌ิ	ย	เ	ย	า	า
ข	◌ั	◌ำ	า	ม	ย	ษ	พ	น	ว	ด	ด	น	ม	ส
ถ	ย	ห	ร	ม	ค	◌่	◌้	ล	ฟ	ญ	◌ิ	ร	ก	ต
ล	ฉ	น	ม	ห	ด	ล	อ	ว	ต	ต	ต	ฝ	ร	ร
ย	ป	◌ั	ณ	ด	ม	ผ	อ	ย	ถ	น	ร	ร	ะ	◌์
ป	ภ	ก	◌์	◌ำ	◌้	น	ย	า	ค	ร	า	ก	ห	ด
ก	า	ร	ก	◌ู	◌้	ค	◌ี	น	ห	ช	ก	ย	า	น
พ	อ	ม	ช	ฉ	ถ	ส	ถ	อ	ห	า	ฉ	ห	ย	ผ
ฉ	ฉ	โ	ร	ง	พ	ย	า	บ	า	ล	ร	ษ	ผ	ะ

ภูมิแพ้
ความกระหาย
แคลอรี่
ร่างกาย
การคายน้ำ
อาหาร
การย่อย
โรค
พลังงาน
พันธุศาสตร์
สุขอนามัย
โรงพยาบาล
อารมณ์
การติดเชื้อ
นวด
น้ำหนัก
การกู้คืน
เลือด
แข็งแรง
วิตามิน

68 - Geografia

เ	ผ	ว	ท	โ	ล	ก	ต	ว	ภ	ด	ป	ณ	า	ฉ
ม	บ	ศ	ร	◌ิ	บ	อ	ก	ร	า	ข	เ	◌ู	ภ	ล
อ	เ	ง	ต	ศ	ศ	ธ	ภ	ม	ค	ว	ภ	ค	ข	ล
ร	แ	ม	ห	ห	ซ	เ	พ	ก	ล	โ	ก	◌ี	ซ	พ
◌ิ	อ	ภ	◌ี	ว	อ	ว	ห	ต	ะ	ณ	◌ำ	ภ	ป	บ
เ	ต	ถ	น	อ	น	ป	ถ	น	แ	ผ	น	ท	◌ี	◌่
ด	ล	ร	จ	ช	ง	ร	ไ	◌ั	◌ี	ส	◌้	ถ	ว	เ
◌ี	า	ข	ต	พ	ถ	ะ	ร	ว	ศ	อ	◌่	ต	ท	ก
ย	ส	ญ	ฉ	ไ	ภ	เ	ไ	ะ	น	ญ	ม	ว	ไ	า
น	บ	ต	ม	ช	พ	ท	ไ	ต	ย	ซ	แ	ฟ	พ	ะ
ต	อ	ฟ	ณ	ไ	แ	ศ	ม	ห	า	ส	ม	◌ุ	ท	ร
ผ	ข	ท	ะ	เ	ล	ล	ะ	ต	◌ิ	จ	◌ู	ด	ว	ศ
ร	ะ	ด	◌ั	บ	ค	ว	า	ม	ส	◌ู	ง	ผ	ซ	ธ
อ	า	ณ	า	เ	ข	ต	จ	ต	ณ	ย	ญ	ศ	ก	ง
น	ล	ฟ	ช	พ	ณ	ธ	ง	ญ	ธ	า	ภ	ก	ป	บ

ระดับความสูง
แอตลาส
เมือง
ทวีป
ซีกโลก
เกาะ
ละติจูด
แผนที่
ทะเล
เมอริเดียน
ภูเขา
โลก
ทิศเหนือ
มหาสมุทร
ตะวันตก
ประเทศ
ภาค
แม่น้ำ
ใต้
อาณาเขต

69 - Antártica

ช	ห	ต	◌ุ	า	ธ	◌่	ร	แ	น	ห	น	ส	ศ	ก
ภ	ฟ	ธ	ย	ง	ย	ก	ท	จ	◌้	ม	ฝ	◌้	ฝ	า
◌ู	ม	◌ิ	ภ	◌ู	ห	ณ	◌ุ	อ	◌ำ	◌ู	ด	ธ	◌ำ	ร
ม	อ	ษ	ภ	ผ	บ	ย	ม	ศ	แ	◌่	ถ	ฝ	ญ	อ
◌ิ	ล	ย	ค	ช	ฉ	จ	ส	ข	ข	เ	ไ	ก	ก	น
ศ	◌ั	ถ	า	ญ	ภ	◌ั	บ	ร	◌็	ก	ว	ต	า	◌ุ
า	ด	ง	ท	◌้	บ	ว	า	◌ุ	ง	า	เ	จ	ร	ร
ส	ว	า	◌่	อ	ย	◌ิ	ค	ข	ด	ะ	พ	ซ	เ	◌ั
ต	แ	ไ	โ	ถ	ซ	ก	ธ	ร	ช	ล	น	ป	ด	ก
ร	ง	ท	ค	ศ	ษ	◌ั	ย	ะ	ส	ซ	ก	อ	◌ิ	ษ
◌์	◌่	ค	ฟ	ช	ว	น	ว	โ	ป	◌ี	ว	ท	น	◌์
ว	◌ิ	ท	ย	า	ศ	า	ส	ต	ร	◌์	◌ิ	ร	ท	อ
ไ	ส	ญ	ท	ถ	ย	ผ	ศ	ไ	ญ	า	น	ค	า	เ
ก	ล	า	เ	ซ	◌ี	ย	ร	◌์	า	บ	ก	ณ	ง	ท
ภ	◌ู	ม	◌ิ	ป	ร	ะ	เ	ท	ศ	ไ	ฟ	อ	ฝ	ม

สิ่งแวดล้อม
น้ำ
อ่าว
วิทยาศาสตร์
การอนุรักษ์
ทวีป
โคฟ
การเดินทาง
กลาเซียร์
น้ำแข็ง
ภูมิศาสตร์
หมู่เกาะ
นักวิจัย
การโยกย้าย
แร่ธาตุ
คาบสมุทร
เพนกวิน
ขรุขระ
อุณหภูมิ
ภูมิประเทศ

70 - Flores

แ	ต	ธ	แ	อ	◌่	◌ี	ซ	ด	เ	ฝ	ถ	ญ	ต	ก
ท	ด	◌ุ	พ	พ	ไ	ฟ	ณ	า	ล	◌ี	◌่	ล	◌ิ	ล
แ	ท	น	ข	เ	ฉ	ษ	า	ว	ฉ	ข	อ	ษ	น	◌้
ส	ต	◌๋	ด	ม	ย	◌ี	ล	เ	น	โ	ก	ม	แ	ว
ไ	ไ	◌ั	ด	◌ิ	◌่	ห	ะ	ร	ท	ธ	ท	◌้	ด	ย
น	เ	ต	ญ	ล	ไ	ว	ว	◌ี	ฉ	ม	า	ไ	อ	ไ
อ	ห	บ	ษ	ะ	ว	ล	ง	อ	ล	ส	ถ	ก	ก	ม
ณ	ส	โ	ไ	ม	ธ	า	อ	ง	ป	ญ	พ	อ	ท	◌้
ล	ร	ช	ป	ป	◌ี	◌้	ป	อ	◌๊	ป	จ	ด	า	ท
โ	ค	ล	เ	ว	อ	ร	◌์	ช	น	ฉ	ะ	อ	น	◌ิ
ด	ร	ล	ณ	พ	ป	น	น	ศ	บ	ฉ	ป	◌่	ต	ว
ก	◌ุ	ห	ล	า	บ	◌ี	ล	ก	ย	า	ง	ช	ะ	ล
ศ	ธ	ะ	ล	า	เ	ว	น	เ	ด	อ	ร	◌์	ว	◌ิ
ม	ณ	น	ภ	เ	ม	ฟ	ป	ฟ	ไ	ภ	ไ	ไ	◌ั	ป
พ	บ	จ	ศ	ถ	า	ผ	แ	ต	ช	ศ	ภ	ป	น	ส

ช่อดอกไม้
ดาวเรือง
แดนดิไลออน
พุด
ดอกทานตะวัน
ชบา
มะลิ
ลาเวนเดอร์
ม่วง
ลิลลี่
แมกโนเลีย
เดซี่
กล้วยไม้
ป๊อปปี้
โบตั๋น
กลีบ
กุหลาบ
โคลเวอร์
ทิวลิป

71 - Fazenda #1

ฟ	ข	ข	ส	ห	ฉ	ย	ค	ณ	ซ	จ	ล	ภ	ฉ	เ
า	◌้	ด	ล	ง	อ	◌่	น	ท	ฝ	ห	พ	ล	ส	ก
ง	า	แ	า	◌้	ม	ไ	ท	แ	ณ	ญ	ร	ถ	ข	ษ
ห	ว	ค	ข	◌ื	า	ฝ	อ	ะ	ภ	แ	ง	ง	พ	ต
ม	◌ั	ญ	ป	ผ	น	ร	ไ	ธ	ผ	ซ	ห	พ	ไ	ร
◌ู	ว	ฉ	ถ	ม	ส	ด	ด	ซ	ไ	ร	ล	จ	ธ	ก
ข	ถ	ต	แ	ว	ร	า	ห	แ	จ	อ	ค	ะ	ป	ร
ไ	ก	◌่	ก	ส	ฝ	น	ร	ม	ธ	ส	ศ	ด	◌ุ	ร
ณ	ศ	ก	พ	ไ	ท	ภ	◌้	ด	า	ข	แ	แ	◌๊	ม
ม	ร	ฟ	ค	ง	ผ	◌ึ	◌้	◌ำ	◌้	น	ม	พ	ย	พ
อ	ล	ย	พ	◌ู	บ	ส	พ	ห	ไ	ภ	ว	ะ	เ	บ
ฟ	◌ี	ร	ง	ฝ	ล	ง	ไ	ถ	ห	อ	◌้	จ	ค	ไ
ะ	ไ	ก	จ	ต	ย	ถ	ห	า	ฝ	ภ	◌ั	อ	แ	บ
ศ	า	ธ	า	บ	ผ	ม	ะ	ฟ	ญ	ษ	ร	ศ	ท	น
ฝ	ไ	ส	ไ	ฟ	ภ	เ	จ	ฉ	ง	ต	ซ	ล	า	พ

ผึ้ง
เกษตรกรรม
ข้าว
น้ำ
น่อง
ลา
แพะ
สนาม
ม้า
หมา
รั้ว
อีกา
ฟาง
ปุ๋ย
ไก่
แมว
น้ำผึ้ง
หมู
ฝูง
วัว

72 - Livros

น	เ	ก	ไ	ฟ	ล	ส	ม	ณ	ก	ง	ธ	ซ	ด	ช
◌ิ	น	า	อ	◌่	◌้	◌ู	ผ	อ	◌ั	ก	ข	ร	ะ	พ
ย	ท	ร	ว	ซ	แ	ฉ	ผ	◌ู	◌้	เ	ข	◌ี	ย	น
า	ธ	ผ	ว	ร	บ	ร	◌ิ	บ	ท	ษ	ฝ	ผ	อ	ม
ย	ฉ	จ	พ	ไ	ร	ช	ส	ธ	อ	แ	เ	ไ	น	แ
ไ	ฟ	ญ	ผ	ซ	ก	ณ	◌ุ	ญ	ท	ษ	ร	ศ	ห	ฉ
บ	ะ	ภ	ป	◌ู	ธ	ช	ก	ด	ไ	ภ	◌ี	ข	ก	ณ
ฉ	ค	◌ั	ส	า	◌้	ถ	ต	ร	ล	ไ	◌่	ง	พ	แ
แ	ไ	ย	ข	ย	ต	บ	ไ	ฉ	ร	ร	อ	ร	บ	ธ
ก	ล	อ	น	ณ	ษ	ท	ร	อ	แ	ม	ง	ส	ท	เ
ถ	พ	แ	ผ	ถ	ไ	ล	ซ	ร	บ	อ	ร	ธ	ก	ข
ต	ห	น	◌้	า	ส	ร	เ	เ	ย	น	า	ษ	ว	◌ี
ภ	ซ	ค	◌ู	◌่	น	◌็	ป	เ	ม	า	ว	ค	◌ี	ย
พ	ศ	ศ	ก	ษ	ส	ณ	ณ	ห	ล	ก	ย	ณ	ส	น
ป	ร	ะ	ด	◌ิ	ษ	ฐ	◌์	ย	พ	า	ก	า	ห	ม

ผู้เขียน
การผจญภัย
ชุด
บริบท
ความเป็นคู่
เขียน
มหากาพย์
เรื่องราว
ประดิษฐ์

ผู้อ่าน
วรรณกรรม
ผู้บรรยาย
หน้า
อักขระ
กลอน
บทกวี
นิยาย

73 - Chocolate

ธ	จ	ต	ญ	ล	ถ	ถ	ย	ช	น	อ	ผ	ท	แ	ษ
น	ซ	ส	ผ	ภ	ฟ	ม	◌ั	แ	ษ	ร	ห	◌ี	น	เ
ป	ผ	◌ู	ค	ไ	ส	ณ	น	◌่	ต	◌่	ป	◌่	◌้	า
ผ	า	ต	ด	ม	ข	◌่	อ	ไ	ว	อ	ช	ช	◌ำ	ซ
ส	ง	ร	ม	ะ	ม	◌ี	ว	ฟ	ข	ย	ภ	◌ี	ต	ก
ย	พ	อ	ท	พ	ผ	ร	ญ	น	า	ว	ห	◌่	า	ล
ธ	ช	า	อ	ร	ข	อ	แ	◌ิ	ผ	ค	ผ	น	ล	◌ิ
ษ	ไ	ห	โ	◌้	บ	ล	ะ	ก	ฟ	ส	ภ	ช	ค	◌่
ฝ	ศ	า	ก	า	แ	ค	ต	ไ	ม	ณ	ม	อ	◌ุ	น
ด	ฉ	ร	โ	ว	ศ	แ	ร	อ	ก	ก	ห	บ	ณ	ห
ต	ย	ไ	ก	ร	ผ	ไ	ส	จ	น	ย	ฟ	บ	ภ	อ
ค	ข	พ	◌้	ช	◌่	า	ง	ฝ	◌ี	ม	◌ื	อ	า	ม
ะ	ธ	ว	ผ	า	แ	ป	ล	ก	ไ	ห	ม	◌่	พ	ส
ว	ค	ว	ร	ส	ช	า	ต	◌ิ	ง	ะ	อ	ะ	เ	แ
ต	ก	ข	ค	า	ร	า	เ	ม	ล	ม	ง	น	ป	ฝ

น้ำตาล
ขม
ถั่ว
กลิ่นหอม
ช่างฝีมือ
โกโก้
แคลอรี่
คาราเมล
มะพร้าว
กิน
อร่อย
หวาน
แปลกใหม่
ที่ชื่นชอบ
รส
ส่วนผสม
ผง
คุณภาพ
สูตรอาหาร
รสชาติ

74 - Governo

ค	ค	ด	ห	ค	ฉ	ต	ข	เ	ไ	ว	ค	ก	ค	ป
ว	น	เ	ช	ห	ไ	◌ุ	ฟ	อ	ห	ไ	ว	า	◌ำ	ร
า	น	อ	◌ี	ร	เ	ล	พ	เ	ห	ต	า	ร	พ	ะ
ม	ล	ด	ฐ	ไ	ย	า	ม	ห	ฎ	ก	ม	เ	◌ู	เ
ย	ป	ษ	ต	◌ั	◌์	ก	ษ	า	จ	ผ	เ	ม	ด	ท
◌ุ	ร	ญ	◌ิ	ณ	ร	า	ว	บ	ห	ล	ส	◌ี	ท	ศ
ต	ะ	พ	า	ภ	◌ี	ร	ส	เ	ช	ห	ม	อ	ธ	ค
◌ิ	ช	ห	ช	น	ว	ธ	เ	ย	ะ	ฟ	อ	ง	ก	ล
ธ	า	ณ	บ	ง	า	◌่	ย	อ	ป	น	ภ	ว	ม	บ
ร	ธ	พ	◌ั	บ	ส	น	ถ	ญ	ง	ไ	า	ช	ไ	ย
ร	◌ิ	ล	ด	บ	◌ุ	แ	◌้	ก	ง	อ	ค	ล	ว	ก
ม	ป	ฉ	ะ	ม	น	ก	แ	ห	ล	ส	◌ิ	ส	ง	บ
ห	ไ	ธ	ร	ณ	อ	า	ด	ะ	ว	บ	ภ	ส	ธ	ภ
เ	ต	ญ	น	◌ู	ม	ร	ร	ธ	ฐ	◌ั	ร	ผ	ร	ผ
า	ย	ส	◌ั	ญ	ล	◌ั	ก	ษ	ณ	◌์	ห	จ	ะ	ะ

พลเรือน
รัฐธรรมนูญ
ประชาธิปไตย
คำพูด
อย่าง
เขต
รัฐ
ความเสมอภาค
อิสระ
ตุลาการ
ความยุติธรรม
กฎหมาย
เสรีภาพ
หัวหน้า
อนุสาวรีย์
ระดับชาติ
ประเทศ
สงบ
การเมือง
สัญลักษณ์

75 - Jardinagem

ฟ	ว	ล	ก	เ	ม	ล	◌็	ด	ด	เ	า	ศ	ภ	แ
ท	ศ	ซ	◌ิ	ณ	ษ	า	ร	ย	ถ	◌ิ	พ	ฟ	◌ู	ศ
ธ	◌ุ	◌์	น	◌ั	พ	ย	า	ส	ม	ง	น	ส	ม	ศ
ถ	ะ	ถ	ไ	ะ	ช	น	ง	อ	ง	ล	ฟ	ษ	◌ิ	ซ
เ	ษ	น	ด	ข	ร	ส	ว	พ	ผ	ถ	ก	ธ	อ	ษ
ไ	ฝ	◌้	◌้	แ	ง	ง	ง	ช	ง	อ	ม	ะ	า	ท
ป	บ	◌ำ	ผ	◌้	◌่	ย	า	ภ	า	ช	น	ะ	ก	ส
◌ุ	ค	ไ	ต	า	ม	ฤ	ด	◌ู	ก	า	ล	ง	า	ว
◌๋	ฉ	บ	ม	ล	ห	ไ	ท	ฝ	อ	ท	◌่	อ	ศ	น
ย	อ	ล	ญ	◌้	ไ	า	ก	ฝ	ด	ย	ผ	ฟ	ผ	ผ
ห	ก	ม	◌้	ไ	ก	อ	ด	อ	◌่	ช	ษ	ย	ก	ล
ม	ข	ป	ก	ป	ล	ธ	ข	ย	ด	ต	ป	ต	น	ไ
◌ั	ช	ส	เ	อ	ป	ท	ฟ	ช	พ	ข	ท	ธ	ษ	ม
ก	น	ญ	ไ	ซ	แ	ค	ว	า	ม	ช	◌ี	◌้	น	◌้
พ	ฤ	ก	ษ	ศ	า	ส	ต	ร	◌์	ว	ข	ศ	ะ	ผ

น้ำ
พฤกษศาสตร์
ช่อดอกไม้
ภูมิอากาศ
กินได้
ปุ๋ยหมัก
สายพันธุ์
แปลกใหม่
ดอก
ดอกไม้
ใบไม้
ท่อ
สวนผลไม้
ภาชนะ
ตามฤดูกาล
เมล็ด
ดิน
ความชื้น

76 - Profissões #2

แ	ฟ	ย	ศ	ณ	ส	ว	จ	ญ	ว	ช	ณ	ซ	น	น
ง	พ	◌์	ค	เ	ม	◌ิ	น	◌ิ	ล	ข	ธ	ค	◌ั	◌ั
เ	ร	ท	า	ว	ณ	ศ	พ	◌ั	ต	ธ	ป	ท	ก	ก
ผ	ว	พ	ย	า	น	ว	า	ช	ก	ร	ญ	ร	ภ	ป
ล	บ	แ	ท	◌์	◌ั	ก	ไ	ห	น	บ	ก	ษ	า	ร
ผ	ษ	ต	ว	ด	ก	ร	ฉ	ต	◌ั	ศ	◌ิ	ร	ษ	ะ
ช	ย	น	◌ิ	ษ	ข	ข	ข	ท	ก	ไ	ป	น	า	ด
◌่	◌์	◌ั	ว	ศ	◌่	จ	ม	ว	บ	ป	ศ	ว	ศ	◌ิ
า	ท	ท	ช	บ	า	ญ	ก	ค	◌ิ	ศ	ะ	ส	า	ษ
ง	พ	ก	◌ี	เ	ว	ก	ญ	ฉ	น	ไ	ส	น	ส	ฐ
ภ	แ	ถ	ก	ซ	อ	พ	ษ	น	อ	ซ	ฟ	ค	ต	◌์
า	ย	จ	◌ั	ว	◌ิ	ก	◌ั	น	ว	ค	ร	◌ู	ร	พ
พ	ล	ษ	น	ศ	แ	ไ	ย	า	ก	ฝ	ท	ฟ	◌์	ไ
น	◌ั	ก	ป	ร	◌ั	ช	ญ	า	า	ง	ฝ	ฟ	จ	บ
ถ	ศ	น	◌ั	ก	ส	◌ี	บ	ล	ศ	ญ	ฉ	ง	ศ	ช

ชาวนา
นักบินอวกาศ
นักชีววิทยา
ศัลยแพทย์
ทันตแพทย์
นักสืบ
วิศวกร
นักปรัชญา
ช่างภาพ
นักประดิษฐ์
นักวิจัย
คนสวน
นักข่าว
นักภาษาศาสตร์
แพทย์
นักบิน
จิตรกร
ครู

77 - Café

ข	ง	ะ	ก	ย	ช	เ	ค	ธ	ท	จ	ม	ส	ฝ	ค
อ	ท	ต	เ	บ	น	ล	ถ	บ	◌ี	ไ	ด	ญ	ฝ	ว
ง	ข	ป	ไ	า	ณ	ม	◌้	ว	◌่	า	◌ี	ซ	ษ	า
เ	ด	ป	ณ	บ	ม	า	ว	ย	ม	ะ	◌่	ศ	ช	ม
ห	ไ	ห	ย	พ	ต	ไ	ย	ธ	า	ถ	ง	ล	ถ	ห
ล	ฝ	ไ	ล	ข	ก	ล	◌ิ	◌่	น	ห	อ	ม	ถ	ล
ว	ม	ก	ณ	บ	ด	า	◌้	ช	เ	ฝ	◌่	ห	ฉ	า
ข	ม	ซ	อ	น	ล	ต	ร	ผ	อ	ณ	◌ี	ค	ถ	ก
ส	◌ี	ด	◌ำ	ฝ	จ	◌ำ	ร	ส	บ	ก	ร	อ	ง	ห
ล	ร	ณ	ว	ท	น	◌้	ต	ณ	ช	ด	ค	ณ	ฉ	ล
ด	ค	ต	ช	ฟ	◌้	น	ศ	ป	ธ	า	เ	ซ	ด	า
ร	บ	ข	ญ	ร	◌ำ	ล	น	แ	ส	ค	ต	น	ซ	ย
ท	ท	บ	ข	อ	ส	เ	ป	ข	ส	า	น	◌ิ	บ	ศ
ร	เ	ฟ	ข	ว	ห	ไ	อ	ด	ท	ร	ข	ย	ข	ค
น	ไ	เ	ฝ	ค	า	เ	ฟ	อ	◌ี	น	ณ	พ	ผ	ท

น้ำตาล
ขม
กลิ่นหอม
น้ำ
เครื่องดื่ม
คาเฟอีน
ถ้วย
ครีม
กรอง
นม
ของเหลว
เช้า
บด
ที่มา
ราคา
สีดำ
รสชาติ
ความหลากหลาย

78 - Negócios

ก	น	เ	ก	ท	บ	ส	ก	เ	ส	ช	อ	ข	ผ	ส
บ	า	ธ	ง	ศ	ต	ม	ท	ไ	ง	ฟ	ฟ	ศ	จ	ถ
น	ย	ไ	น	◌ิ	ข	า	ย	ภ	ภ	◌ิ	ภ	ไ	ร	ด
น	จ	ซ	◌ุ	ฟ	น	ไ	ญ	ณ	ไ	พ	น	แ	ฟ	อ
า	◌้	ภ	ท	ฟ	ก	ซ	ร	ไ	◌ำ	ก	ย	ต	บ	ร
ฉ	า	ษ	ง	อ	น	โ	า	ค	◌้	น	◌ิ	ส	ร	ผ
ณ	ง	ป	ล	อ	ษ	ร	ย	ณ	ห	ต	ป	ไ	ไ	า
า	ศ	ภ	ร	ช	า	ง	ไ	ก	า	ร	เ	ง	◌ิ	น
ม	า	ช	า	ท	ต	ง	ด	ล	น	ว	◌่	ส	พ	ซ
ะ	ฉ	ม	ก	ษ	พ	า	◌้	ว	ซ	ฟ	ษ	ธ	น	ท
ร	◌้	า	น	◌ั	◌ี	น	ค	ศ	ถ	ร	า	ฉ	◌ั	ไ
ป	ษ	ฟ	ะ	◌ิ	ช	ธ	ค	ส	ญ	ณ	ข	ผ	ก	ฟ
บ	ซ	ต	ว	ร	า	ก	อ	ง	ช	อ	ไ	ธ	ง	ล
ง	ข	ว	ห	บ	อ	ป	น	ฟ	ถ	ไ	ม	ย	า	ธ
เ	ศ	ร	ษ	ฐ	ศ	า	ส	ต	ร	◌์	ช	ม	น	ส

อาชีพ
ส่วนลด
เงิน
เศรษฐศาสตร์
พนักงาน
นายจ้าง
บริษัท
ออฟฟิศ
โรงงาน
การเงิน
ภาษี
การลงทุน
ร้าน
กำไร
สินค้า
เงินตรา
งบประมาณ
รายได้
ขาย

79 - Fazenda #2

ฟ	ช	ผ	ค	ง	พ	ย	อ	ฉ	ช	ส	ศ	เ	ถ	ภ
ท	ล	ย	์	ล	่	เ	์	ร	า	บ	ล	ป	ะ	ท
ุ	ป	อ	ศ	ช	จ	ข	บ	ศ	ว	ณ	ถ	็	ซ	ะ
่	ร	า	บ	ต	พ	ย	ร	ญ	น	แ	ไ	ด	ค	ก
ง	ะ	ข	้	า	ว	โ	พ	ด	า	พ	แ	ะ	อ	ถ
ห	ท	โ	พ	ล	อ	ท	ผ	ะ	ะ	ษ	ฉ	ก	ุ	ส
ญ	า	จ	ร	์	ร	อ	ต	เ	ก	ร	ท	แ	ถ	ร
้	น	ว	ค	ง	ซ	บ	ไ	บ	แ	แ	ต	ง	ษ	ั
า	ผ	ไ	ห	ไ	น	อ	ภ	ท	ก	ั	ผ	ย	ฟ	ง
ฟ	ล	ี	า	ส	ว	า	้	ข	ู	ว	ผ	้	ซ	ผ
ญ	ไ	ฝ	อ	บ	น	ม	บ	ด	ล	ณ	ร	ี	ส	ึ
ก	ม	ถ	ค	ไ	จ	ล	ผ	ล	ญ	ว	อ	ล	ั	้
อ	้	ม	ไ	ล	ผ	น	ว	ส	า	จ	ศ	เ	ต	ง
ท	ล	ท	ผ	ซ	ก	ห	เ	ถ	ข	ม	ณ	น	ว	ธ
ว	ธ	ผ	ป	ต	ข	ร	ญ	พ	ศ	ง	า	ค	์	ต

ชาวนา
สัตว์
โรงนา
บาร์เล่ย์
รังผึ้ง
ลูกแกะ
ผลไม้
ชลประทาน
นม
ลามา
สุก
ข้าวโพด
แกะ
คนเลี้ยงแกะ
เป็ด
สวนผลไม้
ทุ่งหญ้า
รถแทรกเตอร์
ข้าวสาลี
ผัก

80 - Jardim

ร	ช	า	น	บ	◌้	า	น	ร	ะ	เ	บ	◌ี	ย	ง
แ	◌ั	ษ	ว	ซ	ฟ	น	ข	ณ	เ	ท	ซ	ม	ผ	ย
ท	ส	◌้	ม	ไ	ล	ผ	น	ว	ส	เ	ค	ฉ	ไ	ญ
ร	น	ร	ว	ย	เ	ไ	ซ	ค	น	ส	ด	น	อ	ว
ม	า	บ	◌่	อ	น	◌้	◌ำ	เ	ป	ล	ญ	ว	น	อ
โ	ม	เ	ก	◌่	ว	ย	ถ	ต	ด	อ	ก	ไ	ม	◌้
พ	ห	บ	ศ	ท	ส	ป	ร	◌้	จ	ข	พ	ป	ท	น
ล	ญ	ภ	บ	ห	ม	ฝ	ง	น	◌ั	◌่	า	◌้	ม	ด
◌ี	◌้	ณ	◌ุ	ก	ญ	ฝ	ร	ไ	◌ิ	เ	ธ	ฟ	ธ	ซ
น	า	ฉ	ช	า	ม	◌้	โ	ม	ข	ด	ค	ร	า	ด
ช	ช	ภ	พ	ฉ	ห	ฉ	า	◌้	พ	ไ	ด	ก	ว	บ
ผ	ข	ล	◌ี	ต	ท	ะ	ถ	ย	ล	ร	ห	ะ	ษ	น
ก	า	อ	ช	ต	จ	อ	ช	แ	◌ั	ม	ว	ผ	ฟ	ไ
ไ	ฝ	ษ	◌ั	เ	ภ	ด	ต	า	◌่	ภ	ผ	ย	ล	ไ
ส	ฝ	ด	ว	จ	ไ	จ	ม	อ	ว	ฉ	ด	ข	ต	พ

คราด
บุช
ต้นไม้
ม้านั่ง
รั้ว
วัชพืช
ดอกไม้
โรงรถ
หญ้า
สนามหญ้า
สวน
บ่อน้ำ
เปลญวน
ท่อ
พลั่ว
สวนผลไม้
ดิน
ชานบ้าน
แทรมโพลีน
ระเบียง

81 - Política

ค	ไ	เ	ค	ว	า	ม	เ	ส	ม	อ	ภ	า	ค	น
ว	น	ส	ส	ถ	◌ี	ฝ	ศ	ณ	ล	ข	น	ถ	ณ	◌ั
า	ป	ร	แ	ภ	ษ	ป	เ	ธ	◌์	ท	◌ุ	ย	ล	ก
ม	ย	◌ี	า	ภ	า	ส	ว	ฝ	ค	ว	น	า	จ	ก
เ	า	ภ	น	ก	ภ	ย	ย	ซ	ง	ท	ช	บ	ร	า
ห	ะ	า	◌ั	ว	ม	ท	เ	ป	ร	า	◌ั	ย	◌ิ	ร
◌็	ร	พ	ก	ณ	ย	ร	า	ถ	ณ	ห	ย	โ	ย	เ
น	ไ	ภ	ก	ป	◌ิ	ค	ร	ง	ร	แ	ช	น	ธ	ม
ษ	บ	ย	◌ิ	ผ	น	ม	ณ	ก	เ	ป	น	ต	ร	◌ื
ะ	จ	ษ	จ	า	ม	◌ั	ภ	ป	ะ	ล	ะ	ห	ร	อ
ว	า	ก	ก	ธ	า	ส	ผ	ป	ว	ณ	◌ี	ถ	ม	ง
จ	ร	ศ	ร	ด	ว	◌้	แ	ง	ถ	ซ	ค	อ	บ	ธ
น	ล	ถ	ร	ะ	ค	◌ู	ร	◌ั	ฐ	บ	า	ล	ก	ด
ถ	พ	ท	ม	ฝ	พ	ผ	บ	บ	ณ	ข	แ	ม	ต	น
ร	ะ	ด	◌ั	บ	ช	า	ต	◌ิ	ณ	ฉ	ณ	ก	ภ	ป

นักกิจกรรม
รณรงค์
ผู้สมัคร
คณะกรรมการ
สภา
ทางเลือก
กลยุทธ์
จริยธรรม
รัฐบาล
ความเสมอภาค
ภาษี
เสรีภาพ
ระดับชาติ
ความเห็น
นโยบาย
นักการเมือง
ความนิยม
ชัยชนะ

82 - Oceano

ไ	ไ	ย	ห	เ	พ	ถ	ม	ช	ฉ	า	น	◌่	◌ู	ท
ณ	ษ	ย	า	◌่	ร	ห	า	ส	ล	ฝ	◌้	ด	ณ	เ
ซ	ง	ฟ	ฟ	พ	ษ	◌ี	ไ	ภ	า	น	◌ำ	ธ	ห	ศ
ด	น	ห	อ	ภ	ไ	ป	อ	ส	ม	ด	ข	ต	ณ	ธ
ป	ล	า	ไ	ห	ล	ล	ล	ฟ	พ	ร	◌ื	ซ	ช	น
ร	น	◌่	ง	◌ั	ร	า	ก	ะ	ป	ช	◌้	ะ	ก	ผ
◌ี	ซ	ต	◌้	แ	ร	ถ	ม	ร	ง	า	น	ย	อ	ห
ฟ	ร	เ	◌ุ	ะ	ญ	า	ย	ล	ธ	า	น	ฉ	◌ี	ะ
แ	ม	ง	ก	ะ	พ	ร	◌ุ	น	โ	ฉ	◌้	ย	ล	แ
ฟ	อ	ง	น	◌้	◌ำ	ะ	ง	า	ฟ	า	◌ำ	ฝ	ก	เ
ท	ธ	ธ	ด	ฝ	ฟ	ก	ผ	ค	ภ	พ	ล	ถ	เ	บ
ว	า	ฬ	พ	า	ย	◌ุ	ซ	ไ	ห	ต	ง	ป	ป	ญ
ป	ล	า	ห	ม	◌ึ	ก	ย	◌ั	ก	ษ	◌์	ข	พ	◌ู
ล	ล	ไ	ะ	า	อ	ซ	ป	ว	ภ	ว	เ	ศ	ก	ด
ม	ถ	ล	ท	แ	ซ	ญ	ไ	ภ	ซ	เ	ค	อ	ไ	ฟ

สาหร่าย
ทูน่า
วาฬ
เรือ
กุ้ง
ปู
ปะการัง
ปลาไหล
ฟองน้ำ
ปลาโลมา
น้ำขึ้นน้ำลง
แมงกะพรุน
หอยนางรม
ปลา
ปลาหมึกยักษ์
รีฟ
เกลือ
เต่า
พายุ
ฉลาม

83 - Profissões #1

เ	น	◌ั	ก	จ	◌ิ	ต	ว	◌ิ	ท	ย	า	พ	น	อ
ศ	อ	น	า	ย	ธ	น	า	ค	า	ร	ผ	ย	น	พ
ส	◌ิ	ก	ด	◌ั	บ	เ	พ	ล	◌ิ	ง	ว	า	โ	ญ
◌ั	ม	ล	อ	ฮ	◌ั	น	เ	ต	อ	ร	◌์	บ	ย	ท
ต	ม	เ	ป	◌ั	ธ	ภ	แ	ร	ต	ฝ	ช	า	ป	ก
ว	ฝ	ฝ	ญ	◌ิ	ค	ย	ว	อ	ญ	ห	ฝ	ล	◌ี	จ
แ	พ	า	ซ	ญ	น	ร	ณ	◌ี	ม	ญ	◌ั	อ	เ	ก
พ	ไ	ษ	ญ	ต	ฉ	ถ	ร	ส	ณ	ษ	จ	ไ	ก	ถ
ท	ส	ฉ	ร	น	า	ข	ณ	า	ฬ	ก	◌ี	ก	◌ั	น
ย	ไ	ะ	ง	ฝ	ผ	ช	ล	ล	ช	ษ	ไ	ย	น	ต
◌์	จ	ฟ	ช	ห	ร	ย	ซ	ะ	ฝ	ท	ข	ญ	ห	◌้
ท	น	า	ย	ค	ว	า	ม	ก	ต	ศ	◌ู	ไ	ฉ	เ
น	◌ั	ก	ด	น	ต	ร	◌ี	บ	ณ	ฉ	จ	ต	ฉ	ก
จ	ช	◌่	า	ง	ป	ร	ะ	ป	า	ะ	แ	ฝ	ศ	◌ั
ช	◌่	า	ง	ต	◌ั	ด	เ	ส	◌ื	◌้	อ	ค	ช	น

ทนายความ
ช่างตัดเสื้อ
ศิลปิน
นักกีฬา
นายธนาคาร
ดับเพลิง
ฮันเตอร์
นักเต้น
เอกอัครราชทูต
ช่างประปา
พยาบาล
อัญมณี
กะลาสี
นักดนตรี
นักเปียโน
นักจิตวิทยา
สัตวแพทย์

84 - Força e Gravidade

ศ	ต	ไ	พ	ง	น	ม	ภ	อ	ท	แ	ก	น	ก	แ
◌ุ	ว	ฟ	ว	ษ	ไ	บ	ร	ว	ป	ร	า	◌้	ษ	ไ
น	◌ั	ด	ม	า	ว	ค	ด	ะ	จ	ง	ร	◌ำ	ห	ฉ
ย	ต	◌์	ร	ต	ส	า	ศ	ล	ก	เ	ค	ห	ต	ม
◌์	ย	น	ค	◌ิ	◌ั	เ	ไ	ฉ	ผ	ส	◌้	น	ไ	พ
ก	า	ต	ณ	บ	บ	ว	ว	ส	น	◌ี	น	◌ั	ค	ง
ล	ย	น	ไ	◌ั	ไ	น	ล	ล	ป	ย	พ	ก	ก	ฉ
า	ข	ษ	ก	ม	ไ	ส	เ	พ	า	ด	บ	จ	พ	แ
ง	ร	บ	ล	ส	ไ	ศ	ฉ	ษ	ษ	ท	ง	ะ	ว	ร
ส	า	ท	◌็	ณ	ว	◌็	ร	เ	ม	า	ว	ค	ง	ะ
ะ	ก	ะ	ห	◌ุ	ถ	แ	ห	แ	ท	น	ฟ	อ	โ	ย
ก	า	ร	เ	ค	ล	◌ื	◌่	อ	น	ไ	ห	ว	ค	ะ
จ	ฉ	ก	◌่	ส	า	ก	ล	ภ	ล	ศ	ณ	ส	จ	ท
พ	บ	ล	ม	ต	เ	ไ	า	ม	พ	พ	ฉ	ไ	ร	า
ถ	ไ	ผ	แ	ฟ	◌ิ	ส	◌ิ	ก	ส	◌์	ไ	ผ	ข	ง

แรงเสียดทาน
ศูนย์กลาง
การค้นพบ
พลวัต
ระยะทาง
แกน
การขยายตัว
ฟิสิกส์
ผลกระทบ
แม่เหล็ก
กลศาสตร์
การเคลื่อนไหว
วงโคจร
น้ำหนัก
ความดัน
คุณสมบัติ
ความเร็ว
เวลา
สากล

85 - Abelhas

ข	ผ	ล	ไ	ม	◌้	ม	ไ	ก	อ	ด	ศ	แ	เ	ว
ค	◌ี	เ	ร	ะ	อ	จ	พ	◌ื	ช	เ	อ	ญ	ป	ม
ว	แ	◌้	ส	ช	ซ	ง	ท	น	◌ี	ว	ค	ไ	◌็	ร
า	ม	ว	ผ	พ	ไ	ฟ	◌ี	◌้	เ	แ	ป	ว	น	◌ั
ม	ล	ฝ	ช	◌ึ	ย	ร	◌่	◌ำ	ค	ย	ช	ผ	ป	ง
ห	ง	ก	ท	ด	◌้	ค	อ	ผ	ว	ส	พ	ธ	ร	ด
ล	ศ	ช	ไ	ถ	ผ	ง	ย	◌ึ	◌ั	น	ว	ห	ะ	ว
า	ช	น	ห	ณ	ถ	◌ู	◌ู	◌้	น	ม	ก	น	โ	ง
ก	◌ี	ป	ซ	เ	ภ	ฝ	◌่	ง	ง	ธ	ฝ	บ	ย	อ
ห	บ	เ	ห	บ	ห	ภ	อ	ว	เ	ร	ก	ค	ช	า
ล	แ	ข	ร	ไ	ม	ฟ	า	ฝ	ซ	ว	ช	ง	น	ท
า	พ	ก	ไ	ณ	ด	ว	ศ	ข	ช	ท	ฟ	ช	◌์	◌ิ
ย	ส	ค	อ	ซ	◌ู	พ	◌ั	ฉ	ฟ	ย	ม	ะ	ษ	ต
ะ	า	ฝ	ช	จ	ข	ญ	ย	ท	ญ	ล	ผ	ป	แ	ย
ร	บ	ด	อ	ก	ร	ะ	บ	บ	น	◌ิ	เ	ว	ศ	◌์

ปีก
เป็นประโยชน์
ขี้ผึ้ง
รัง
ความหลากหลาย
ระบบนิเวศ
ฝูง
ดอก
ดอกไม้
ผลไม้
ควัน
ที่อยู่อาศัย
แมลง
สวน
น้ำผึ้ง
พืช
เรณู
ควีน
ดวงอาทิตย์

86 - Ciência

อ	ด	ะ	แ	ร	◌่	ธ	า	ต	◌ุ	ณ	ศ	ล	ค	ฟ
ฟ	◌ิ	ต	า	ช	ม	ร	ร	ธ	แ	ธ	ค	ด	ย	อ
แ	◌ิ	ล	ท	ต	ว	◌ิ	ช	◌ี	ม	◌ี	ง	◌่	◌ิ	ส
ง	ษ	ส	ค	ณ	จ	ย	จ	◌ิ	ร	บ	ข	ภ	ก	ซ
ส	อ	ะ	◌ิ	ศ	ป	ฉ	ห	ว	ท	ว	◌้	ล	า	◌ิ
อ	ม	ศ	า	ก	า	อ	ม	◌ิ	◌ู	ภ	อ	ญ	ร	ล
ค	อ	ม	ณ	ฝ	ส	จ	เ	ป	ฟ	ฉ	ม	บ	ท	◌ุ
ว	ต	ด	ต	ถ	ฝ	◌์	ค	ษ	ส	ย	◌ู	ณ	ด	ก
า	ะ	ศ	บ	◌ิ	ฝ	ภ	ม	ร	ฝ	พ	ล	จ	ล	ล
ถ	อ	ษ	ห	ม	ฐ	ป	◌ี	ซ	ม	ษ	◌ี	ก	อ	เ
ข	จ	ฟ	ช	ญ	ค	า	ภ	◌ุ	น	อ	ไ	ช	ง	ม
ะ	ค	อ	ร	า	ก	า	น	ฒ	ว	◌ั	◌ิ	ว	เ	โ
แ	ร	ง	โ	น	◌้	ม	ถ	◌่	ว	ง	ณ	ะ	ส	พ
ข	◌้	อ	เ	ท	◌็	จ	จ	ร	◌ิ	ง	ด	า	จ	ป
แ	พ	ก	า	ร	ส	◌ั	ง	เ	ก	ต	จ	น	ม	ภ

อะตอม
ภูมิอากาศ
ข้อมูล
วิวัฒนาการ
การทดลอง
ข้อเท็จจริง
ฟิสิกส์
ฟอสซิล
แรงโน้มถ่วง
สมมติฐาน
วิธี
แร่ธาตุ
โมเลกุล
ธรรมชาติ
การสังเกต
สิ่งมีชีวิต
อนุภาค
พืช
เคมี

87 - Comida #1

ไ	ค	ล	น	แ	ค	ร	อ	ท	ต	จ	อ	ฉ	ห	ไ
ผ	ฉ	ถ	◌้	น	ป	า	ะ	อ	ท	ก	ด	จ	◌ั	ก
ป	า	เ	◌ำ	ม	า	ฝ	ข	ค	ฉ	ข	ฉ	ต	ว	ภ
ด	ล	ล	ต	ถ	พ	บ	ถ	◌ิ	เ	ถ	า	ป	ห	ไ
า	อ	ว	า	น	ะ	ม	◌ั	ร	ข	ภ	ฟ	ไ	อ	ภ
ก	ด	◌ั	ล	ส	ร	ซ	◌่	ป	จ	บ	ฉ	ซ	ม	ห
ก	ร	พ	ภ	ด	ห	พ	ว	อ	น	ค	ฝ	ช	◌ุ	ไ
ผ	ไ	ะ	ข	ท	โ	ส	ล	แ	ณ	อ	ว	ธ	ท	ป
◌ั	จ	เ	เ	ง	ไ	ฟ	◌ิ	ด	เ	ส	ข	ส	อ	ด
ว	น	ไ	ะ	ท	ก	ท	ส	ห	ษ	ค	ผ	ณ	ต	ม
◌ั	ซ	ต	ฝ	ฝ	◌ี	ช	ง	ร	ป	ฉ	◌้	ข	แ	ท
ห	ซ	ถ	ผ	พ	ษ	ย	ช	เ	บ	อ	ฟ	ก	ฟ	◌ู
ผ	◌ั	ก	โ	ข	ม	ธ	ม	แ	ต	ง	ก	ว	า	น
บ	า	ร	◌์	เ	ล	◌่	ย	◌์	ป	ษ	พ	ธ	ป	◌่
เ	ก	ล	◌ื	อ	น	◌้	◌ำ	ผ	ล	ไ	ม	◌้	ไ	า

น้ำตาล
กระเทียม
ถั่วลิสง
ทูน่า
เค้ก
อบเชย
หัวหอม
แครอท
บาร์เล่ย์
แอปริคอท
ผักโขม
นม
มะนาว
โหระพา
หัวผักกาด
แตงกวา
เกลือ
สลัด
ซุป
น้ำผลไม้

88 - Geometria

ช	ส	ร	ก	ญ	ถ	ม	ข	ณ	ผ	ม	ไ	ส	พ	ม
แ	ม	ท	ม	า	ก	◌ุ	ว	ว	ต	ษ	ย	ฟ	◌ื	◌ิ
แ	ม	ง	ท	ท	ร	ม	ร	ล	ต	ก	ไ	ธ	◌้	ต
ภ	า	ช	ษ	ต	ง	ค	◌ั	โ	น	◌ั	ส	เ	น	◌ิ
พ	ต	ศ	ป	ข	ร	ร	◌ำ	บ	ม	แ	ห	ษ	ผ	ไ
ฝ	ร	ง	ก	น	ว	◌่	ส	น	ฝ	จ	ไ	น	◌ิ	ย
ส	ญ	ศ	ว	า	ง	◌้	◌ั	ต	ว	น	แ	า	ว	ร
◌ั	ต	ท	ง	น	อ	น	ว	น	แ	ณ	ด	ฐ	ล	ส
ด	ร	ข	ก	ส	า	ม	เ	ห	ล	◌ี	◌่	ย	ม	ม
ส	ร	ย	ล	ไ	ป	ว	ล	บ	ส	ฎ	ก	ธ	ผ	ก
◌่	ก	ด	ม	เ	ฟ	ผ	ช	ท	อ	ษ	จ	◌ั	ว	า
ว	ะ	ด	ป	ท	ว	ถ	แ	ไ	ศ	ฤ	ผ	ม	ข	ร
น	แ	ก	ญ	อ	อ	◌ั	ง	ผ	ฝ	ท	ท	เ	ใ	ย
ษ	เ	น	ไ	ภ	ว	เ	ต	ค	ว	า	ม	ส	◌ู	ง
ย	ง	ต	า	ไ	ญ	ศ	า	ซ	ะ	ว	ธ	ะ	ะ	ช

ความสูง
มุม
การคำนวณ
วงกลม
เส้นโค้ง
มิติ
สมการ
แนวนอน
ตรรกะ
มวล

มัธยฐาน
ตัวเลข
ขนาน
สัดส่วน
ส่วน
สมมาตร
พื้นผิว
ทฤษฎี
สามเหลี่ยม
แนวตั้ง

89 - Pássaros

ข	ว	ห	อ	ง	น	◌ิ	ว	ก	น	พ	เ	อ	ธ	น
น	◌้	ต	ม	ร	ง	ว	ค	ร	ะ	ผ	ถ	◌ิ	ห	ก
ฝ	ก	ก	ศ	พ	ง	◌ุ	ท	ะ	ร	ก	ก	น	◌่	ก
ญ	แ	พ	ร	พ	ธ	ล	ฝ	ส	ท	โ	เ	ท	า	า
ะ	ก	น	◌ิ	ะ	ร	ษ	ศ	า	◌ู	ง	ก	ร	น	เ
ช	น	า	ต	ร	จ	ต	ท	ก	แ	◌ิ	ย	◌ี	ธ	ห
เ	ย	ง	ท	ห	า	อ	เ	◌ี	ค	ม	ถ	ณ	พ	ว
ษ	น	น	ฟ	ง	ท	บ	ก	อ	น	า	ส	เ	ว	◌่
า	ษ	ว	ซ	ส	ห	ค	อ	น	า	ล	ต	ผ	า	า
ไ	เ	ล	บ	◌์	ถ	แ	จ	ซ	ก	ฟ	ต	ซ	ภ	ษ
ญ	ค	ไ	แ	แ	ษ	ท	ะ	ก	ค	ก	ล	ง	ญ	ช
ธ	◌่	ข	ไ	า	ฟ	ก	ร	เ	ษ	ฉ	ร	า	ป	ป
น	ก	ย	◌ู	ง	า	ห	ก	ป	ษ	ซ	ช	ะ	ล	ข
ข	ไ	ฉ	ไ	ฟ	ผ	ฝ	ก	◌็	ล	ผ	ภ	ค	ส	ง
ผ	า	า	อ	ม	ณ	ศ	น	ด	บ	น	ฝ	เ	ด	า

นกกระจอกเทศ
อินทรี
นกกระสา
หงส์
อีกา
นกกาเหว่า
ฟลามิงโก
ไก่
นางนวล
ห่าน
กระสา
ไข่
นกแก้ว
กระจอก
เป็ด
นกยูง
นกกระทุง
เพนกวิน
นกพิราบ
ทูแคน

90 - Literatura

ค	◌ำ	อ	◌ุ	ป	ม	า	บ	บ	แ	ป	◌ู	ร	ผ	เ
ป	ร	ะ	เ	ภ	ท	ป	ร	ท	ธ	ษ	แ	อ	ช	ร
จ	◌ั	ง	ห	ว	ะ	ไ	ไ	ส	ส	◌ี	ไ	ว	◌ี	◌ี
อ	ะ	น	า	ล	◌็	อ	ก	เ	ญ	ร	ม	า	ว	◌่
โ	ย	◌็	อ	ส	ษ	ค	ธ	จ	ข	ผ	◌ุ	น	ป	อ
ศ	ผ	ห	บ	ล	ล	◌ั	ก	ษ	ณ	ะ	ย	ป	ร	ง
ก	ค	เ	ถ	ถ	ก	ด	ท	ข	ข	เ	า	ไ	ะ	เ
น	ไ	ม	เ	ญ	ผ	◌ู	◌้	เ	ข	◌ี	ย	น	ว	ล
า	ย	า	ย	◌ิ	น	พ	ษ	น	ภ	ส	ร	ฉ	◌ั	◌่
ฏ	◌ี	ว	ก	ท	บ	ท	พ	ษ	ฉ	◌ั	ร	ด	ต	า
ก	แ	ค	ฟ	บ	ด	บ	ล	ไ	ฝ	ม	บ	ะ	◌ิ	อ
ร	ม	อ	ธ	ฉ	ล	ก	ห	ษ	ห	ผ	◌้	ม	ณ	จ
ร	า	ล	จ	จ	ด	ผ	ท	ว	แ	◌ั	◌ู	ศ	ะ	ช
ม	ย	ย	ญ	ต	ฉ	ง	ญ	เ	บ	ส	ผ	ไ	ษ	ว
ซ	จ	ก	า	ร	ว	◌ิ	เ	ค	ร	า	ะ	ห	◌์	ศ

อะนาล็อก
การวิเคราะห์
ผู้เขียน
ชีวประวัติ
บทสรุป
ลักษณะ
บทพูด
รูปแบบ
ประเภท
คำอุปมา
ผู้บรรยาย
เรื่องเล่า
ความเห็น
กลอน
บทกวี
สัมผัส
จังหวะ
นิยาย
ธีม
โศกนาฏกรรม

91 - Química

น	ก	ร	ด	ท	อ	บ	อ	ค	จ	ะ	ช	ว	ท	เ
อ	◌ิ	ก	ต	ด	◌ี	◌ิ	ช	ท	ะ	ถ	อ	ล	ง	ซ
บ	ค	ว	ะ	ห	ล	โ	เ	ส	ท	แ	ช	ห	ห	ถ
◌์	ล	ฟ	เ	ษ	ก	ไ	ผ	ล	◌ุ	ก	ล	เ	ม	โ
ร	อ	ร	ไ	ค	เ	ญ	อ	ซ	◌็	อ	ส	ง	แ	ฉ
า	ร	ฟ	ฮ	น	ล	ไ	ไ	อ	ะ	ก	า	อ	ก	ง
ค	◌ี	เ	โ	◌้	อ	◌ี	ป	อ	อ	จ	ต	ข	◌๊	ไ
ร	น	อ	ด	◌ำ	◌ุ	อ	ย	ไ	อ	น	ก	ร	ส	ข
ง	ก	น	ร	ห	ณ	อ	ฟ	ร	ด	◌่	า	ง	อ	ร
ว	ด	ไ	เ	น	ห	ก	อ	ฉ	◌์	ล	ไ	เ	ก	น
แ	ล	ซ	จ	◌ั	ภ	ซ	อ	◌ิ	น	ท	ร	◌ี	ย	◌์
ฝ	ะ	ม	น	ก	◌ู	◌ิ	ต	◌ั	ว	เ	ร	◌่	ง	ร
เ	ห	◌์	พ	ณ	ม	เ	จ	ถ	ญ	จ	ฝ	ม	ร	น
ฉ	จ	ส	ษ	ง	◌ิ	จ	ไ	ฉ	ท	น	ห	ง	ส	ห
ง	เ	ร	ป	จ	ธ	น	อ	◌้	ร	ม	า	ว	ค	บ

ด่าง
กรด
ความร้อน
คาร์บอน
ตัวเร่ง
คลอรีน
อิเล็กตรอน
เอนไซม์
แก๊ส
ไฮโดรเจน
ไอออน
ของเหลว
โลหะ
โมเลกุล
นิวเคลียร์
อินทรีย์
ออกซิเจน
น้ำหนัก
เกลือ
อุณหภูมิ

92 - Clima

ฝ	ต	ร	ง	ภ	ห	แ	ไ	า	ผ	◌่	า	◌้	ฟ	ส
เ	ข	ต	ร	◌้	อ	น	ห	ฝ	ษ	ฟ	ฉ	พ	ศ	ภ
ข	ฉ	ฝ	ษ	แ	ล	ไ	จ	◌้	ช	◌้	ป	า	ล	า
ค	ล	า	ว	ด	◌์	แ	ถ	ง	ง	า	แ	ย	า	พ
ถ	ถ	ฟ	ณ	ง	ไ	ป	น	อ	◌้	ร	ณ	◌ุ	ซ	อ
ง	แ	ข	ซ	า	อ	ก	◌้	◌้	◌ุ	◌้	ร	ท	ซ	า
แ	ภ	◌์	◌ี	ธ	ฝ	อ	◌ำ	ท	ร	อ	ล	อ	น	ก
ญ	จ	ม	ร	ส	◌ุ	ม	แ	ห	ย	ง	ม	ร	ไ	า
ย	อ	◌ิ	บ	า	ณ	ห	ข	เ	า	ะ	ป	◌์	ไ	ศ
ง	ร	ภ	ไ	ส	ล	ช	◌็	ก	ส	อ	ฉ	น	ผ	ท
น	ผ	◌ู	ง	ซ	ช	พ	ง	ว	ธ	ย	ร	า	บ	ถ
ฟ	ธ	ห	พ	ข	ช	ศ	โ	ถ	ข	เ	บ	โ	ท	จ
า	ฝ	ณ	เ	บ	ร	ร	ย	า	ก	า	ศ	ด	ว	ถ
ต	ม	◌ุ	พ	า	ย	◌ุ	น	แ	ย	ช	ย	อ	ะ	ฝ
ะ	ช	อ	พ	า	ย	◌ุ	เ	ฮ	อ	ร	◌ิ	เ	ค	น

สายรุ้ง
บรรยากาศ
บรีซ
ท้องฟ้า
สภาพอากาศ
พายุเฮอริเคน
น้ำแข็ง
มรสุม
หมอก
คลาวด์
โพลาร์
ฟ้าผ่า
แล้ง
แห้ง
อุณหภูมิ
พายุ
พายุทอร์นาโด
เขตร้อน
ฟ้าร้อง
ลม

93 - Tecnologia

ไ	บ	ต	◌์	ธ	ผ	ไ	ซ	ญ	ย	ช	ไ	ซ	ด	อ
ข	อ	ร	ล	แ	เ	ส	ม	◌ื	อ	น	ก	ป	◌ิ	◌ิ
เ	◌้	◌์	ฟ	ส	บ	พ	ร	จ	ก	ผ	ย	ช	จ	น
ค	ซ	อ	ไ	◌ั	ห	บ	◌์	ม	ส	ท	จ	ฟ	◌ิ	เ
อ	อ	ต	ค	ร	อ	อ	อ	ย	แ	ถ	◌ั	ธ	ท	ท
ร	ฟ	เ	ไ	ว	จ	ะ	ซ	◌ั	ป	ศ	◌ิ	ส	◌ั	อ
◌์	ต	ว	ล	ไ	า	จ	เ	ภ	ก	ศ	ว	ต	ล	ร
เ	◌์	◌ิ	ซ	พ	◌้	ม	◌์	ด	อ	ษ	เ	ฉ	◌ิ	◌์
ซ	แ	พ	ณ	ป	น	ง	ว	อ	◌็	ต	ร	ข	ถ	เ
อ	ว	ม	ว	ษ	ห	บ	า	ล	ล	แ	ไ	ร	เ	น
ร	ร	อ	แ	ข	ษ	ผ	ร	ป	บ	ง	ษ	ภ	ภ	◌็
◌์	◌์	ค	ย	ไ	ผ	แ	บ	ม	ต	อ	ท	ร	ฉ	ต
ฝ	ย	ญ	ก	ฟ	แ	ะ	เ	า	ข	◌้	อ	ม	◌ู	ล
พ	ษ	พ	ญ	ซ	ไ	อ	า	ว	ต	ล	ณ	แ	ป	ล
ช	า	ผ	ว	ก	ถ	น	ร	ค	ท	ก	ร	ก	ม	ว

ไฟล์
บล็อก
ไบต์
กล้อง
คอมพิวเตอร์
เคอร์เซอร์
ข้อมูล
ดิจิทัล
สถิติ
แบบอักษร
อินเทอร์เน็ต
ข้อความ
เบราว์เซอร์
วิจัย
ความปลอดภัย
ซอฟต์แวร์
หน้าจอ
เสมือน
ไวรัส

94 - Arte

ผ	า	ช	ณ	ต	ง	บ	ภ	ภ	น	ด	บ	ส	พ	ภ
เ	จ	ด	ล	ฉ	ส	อ	ท	ฟ	◌์	ณ	ม	ร	า	อ
ด	า	า	น	ซ	ษ	ถ	ย	ก	ษ	ฝ	ท	◌้	ภ	ภ
ส	◌่	ว	น	ต	◌ั	ว	จ	ธ	ว	ฝ	ย	า	◌่	ง
ป	ต	พ	อ	ส	ฉ	ด	น	ธ	ม	◌ี	ฟ	ง	ส	อ
ถ	จ	า	ซ	แ	◌ั	ด	ธ	ส	บ	ก	ด	เ	ถ	◌่
ห	พ	ภ	◌ั	ธ	ไ	ญ	อ	ห	ศ	จ	ม	ซ	◌ิ	◌ี
อ	า	ฟ	บ	ท	น	ง	ล	ด	ภ	ษ	ฝ	ร	ต	ร
จ	ภ	ภ	◌ั	ว	เ	ง	อ	◌ั	ผ	ฉ	ด	า	ย	เ
า	ด	แ	ซ	ม	ย	แ	จ	น	ก	ษ	พ	ม	ศ	ร
ก	า	ร	แ	ส	ด	ง	อ	อ	ก	ษ	ค	◌ิ	า	ห
เ	ว	ซ	◌ี	◌่	อ	ส	◌ั	ต	ย	◌์	ณ	ค	ส	จ
ต	◌้	น	ฉ	บ	◌ั	บ	ช	ถ	ณ	ง	พ	◌์	ต	ข
ส	◌่	ว	น	ป	ร	ะ	ก	อ	บ	ศ	ล	ส	ร	ญ
ป	ร	ะ	ต	◌ิ	ม	า	ก	ร	ร	ม	ด	ท	◌์	แ

เซรามิค
ซับซ้อน
ส่วนประกอบ
สร้าง
ประติมากรรม
การแสดงออก
ซื่อสัตย์
อารมณ์
ต้นฉบับ
ส่วนตัว
ภาพวาด
บทกวี
วาดภาพ
ง่าย
สัญลักษณ์
เรื่อง
สถิตยศาสตร์
ภาพ

95 - Diplomacia

ค	น	◌ั	ก	ก	า	ร	ท	◌ู	ต	ช	ย	ไ	ท	ป
เ	ว	พ	ล	เ	ม	◌ื	อ	ง	ง	◌ุ	ส	ม	ะ	ไ
ท	อ	า	ษ	า	ภ	า	ง	อ	◌ี	ม	เ	ร	า	ก
◌ี	ต	ก	ม	ษ	ค	ภ	า	ง	ร	ช	ส	ร	น	ค
◌่	ถ	ธ	อ	ย	อ	ช	◌่	ท	◌ั	น	า	ธ	จ	ว
ป	ส	จ	อ	◌ั	◌ุ	ท	ย	ก	ฐ	ฟ	ร	ย	ร	า
ร	ค	ถ	บ	ง	ค	ต	อ	บ	บ	ด	ล	ษ	◌ิ	ม
◌ื	ว	ไ	า	ผ	บ	ร	◌ิ	ง	า	ธ	ะ	◌ุ	ย	ล
ก	ะ	ด	ป	น	ไ	ฝ	ร	ธ	ล	ป	ล	น	ธ	ะ
ษ	ไ	น	ญ	ษ	ท	ม	บ	า	ร	ค	า	ม	ร	เ
า	ไ	ภ	ป	ฉ	จ	◌ู	ช	ซ	ช	ร	ย	ม	ร	อ
ท	อ	ร	บ	ย	แ	ย	ต	ญ	ฉ	ท	ม	ท	ม	◌ี
ค	ว	า	ม	ข	◌ั	ด	แ	ย	◌้	ง	◌ู	ญ	ธ	ย
ค	ว	า	ม	ป	ล	อ	ด	ภ	◌ั	ย	น	ต	ฟ	ด
ค	ว	า	ม	ซ	◌ื	◌่	อ	ส	◌ั	ต	ย	◌์	น	ง

พลเมือง
ชุมชน
ความขัดแย้ง
ที่ปรึกษา
นักการทูต
อย่าง
สถานทูต
เอกอัครราชทูต
จริยธรรม
รัฐบาล
มนุษยธรรม
ความซื่อสัตย์
ความยุติธรรม
ภาษา
การเมือง
ความละเอียด
ความปลอดภัย
สารละลาย

96 - Comida # 2

ถ	เ	ถ	ล	ท	ห	จ	ฝ	ส	ะ	ป	ภ	ณ	ช	อ
อ	◌ั	ล	ม	อ	น	ด	◌์	ช	ข	ล	ก	ไ	◌็	า
ม	ะ	เ	ข	◌ื	อ	เ	ท	ศ	◌้	า	ฝ	จ	อ	ต
ฮ	ญ	ผ	◌ี	ข	ต	ฝ	ด	า	า	ฝ	พ	า	ค	◌ิ
แ	ล	ด	ล	ย	◌้	ป	ม	ย	ว	◌้	ล	ก	โ	โ
ก	ไ	◌็	ค	ภ	ค	า	ช	◌ี	ส	ก	อ	ถ	ก	ช
ค	ส	ห	โ	ด	จ	จ	ว	ณ	ล	ว	ง	ฝ	แ	◌๊
โ	ย	เ	ก	◌ิ	ร	◌์	ต	ส	ผ	ฟ	◌ุ	ไ	ล	ค
ม	ฝ	ข	อ	ก	◌ี	ว	◌ี	◌่	า	ว	◌่	ไ	ต	ป
อ	ะ	ฉ	ร	ไ	ฉ	ห	า	ผ	ง	ล	น	ถ	ก	ท
ค	ศ	เ	บ	ษ	ร	น	ด	ธ	า	ง	◌ี	ถ	ซ	◌่
พ	ล	ศ	ข	น	ษ	แ	อ	ป	เ	ป	◌ิ	◌้	ล	ข
ก	ห	ส	ว	◌ี	า	พ	ถ	ไ	ง	ษ	น	แ	ภ	ไ
ร	◌ี	◌่	◌์	ร	อ	ช	เ	ไ	ษ	ว	ส	ย	ะ	ธ
บ	ซ	ต	แ	ฉ	ร	ฝ	ณ	ณ	ด	ข	ส	ย	เ	า

อาติโช๊ค
อัลมอนด์
ข้าว
กล้วย
มะเขือ
บรอกโคลี
เชอร์รี่
ช็อคโกแลต
เห็ด
ไก่

โยเกิร์ต
กีวี่
แอปเปิ้ล
ไข่
ปลา
แฮม
ชีส
มะเขือเทศ
ข้าวสาลี
องุ่น

97 - Universo

ฉ	ธ	น	แ	ด	ท	◌้	อ	ง	ฟ	◌้	า	ณ	ม	ล
า	บ	น	จ	ผ	า	◌้	ฟ	บ	อ	ข	ก	ค	ต	ะ
ด	ย	ว	ะ	ธ	ศ	ร	เ	ด	ส	ถ	ฟ	ร	ย	ต
ท	อ	ส	ค	น	◌ั	ย	า	อ	พ	บ	ป	ธ	ศ	◌ิ
ง	ร	ต	ส	◌ู	ย	◌์	น	ศ	◌ู	น	◌้	ส	เ	จ
ว	ป	ย	ป	ศ	ไ	ไ	พ	ร	า	บ	ผ	ฉ	า	◌ู
แ	ส	ง	อ	า	ท	◌ิ	ต	ย	◌์	ส	ต	ษ	ะ	ด
น	ว	ย	ก	ก	ฉ	ค	ส	จ	ผ	ม	ต	ง	ข	◌ู
◌ั	ง	◌ี	ล	า	บ	ฝ	ว	ไ	ส	ฟ	ล	ร	ฟ	ง
ส	โ	อ	โ	ย	แ	ญ	จ	า	า	ห	ต	น	◌์	◌ั
เ	ค	เ	ก	ร	ต	ล	ฉ	ย	ม	ค	ไ	ไ	ภ	ฟ
บ	จ	ฉ	◌ี	ร	ญ	ฟ	ก	ง	ด	ม	ถ	ย	พ	ภ
จ	ร	ม	ซ	บ	ฟ	ฉ	ท	ซ	น	น	◌ี	ศ	จ	น
จ	◌ั	ก	ร	ร	า	ศ	◌ี	ซ	◌ี	ช	พ	ด	ย	น
ด	ว	ง	จ	◌ั	น	ท	ร	◌์	ก	◌่	ส	อ	ก	ฉ

ดาราศาสตร์
บรรยากาศ
ท้องฟ้า
ฟังดู
เส้นศูนย์สูตร
กาแลกซี่
ซีกโลก
ขอบฟ้า
เอียง
ละติจูด
เส้นแวง
ดวงจันทร์
วงโคจร
แสงอาทิตย์
อายัน
ความมืด
จักรราศี

98 - Jazz

ค	ม	◌ี	ช	◌ี	◌่	อ	เ	ส	◌ี	ย	ง	ต	ข	ท
ว	ธ	ซ	ร	ฝ	ซ	ป	า	ล	เ	ไ	ง	ศ	ด	ธ
า	ธ	แ	า	ร	า	ห	ว	โ	ณ	า	ภ	◌ิ	ฏ	ป
ม	ร	า	ย	ก	า	ร	โ	ป	ร	ด	ช	ล	ด	◌ี
ส	ณ	ค	ผ	ช	เ	พ	ล	ง	บ	บ	แ	ป	◌ู	ร
◌ำ	ม	ข	ป	ม	น	น	ภ	พ	ย	ไ	ธ	◌ิ	ห	ต
ค	ป	ร	ะ	เ	ภ	ท	ฝ	ค	ผ	ด	ข	น	ส	น
◌ั	ห	อ	ป	ว	ป	ษ	ย	ณ	ต	น	น	อ	พ	ด
ญ	ธ	ล	ส	ศ	ห	ษ	ค	ป	ข	ค	เ	ต	ป	ง
ไ	ธ	บ	ถ	า	ภ	ง	ไ	ห	ม	◌่	ท	ก	ร	ว
อ	◌ั	ล	บ	◌ั	◌้	ม	◌ั	ผ	จ	ก	ค	ล	พ	◌ี
พ	ร	ส	ว	ร	ร	ค	◌์	จ	ธ	แ	น	อ	ถ	น
ส	◌่	ว	น	ป	ร	ะ	ก	อ	บ	ง	◌ิ	ง	ธ	ะ
น	◌ั	ก	แ	ต	◌่	ง	เ	พ	ล	ง	ค	ไ	พ	ฝ
ณ	ซ	พ	ค	อ	น	เ	ส	◌ิ	ร	◌์	ต	ธ	ณ	ห

ศิลปิน
อัลบั้ม
กลอง
เพลง
ส่วนประกอบ
นักแต่งเพลง
คอนเสิร์ต
รูปแบบ
ความสำคัญ
มีชื่อเสียง

รายการโปรด
ประเภท
ปฏิภาณโวหาร
ดนตรี
ใหม่
วงดนตรี
จังหวะ
พรสวรรค์
เทคนิค
แก่

99 - Barcos

น	ไ	ส	ษ	เ	ฉ	อ	ล	ภ	ญ	ษ	ซ	ล	ภ	ไ
ส	น	อ	ไ	ช	ค	◌ั	ย	า	ค	ส	น	จ	า	ม
บ	ม	ณ	ต	ก	ถ	ร	แ	ม	◌่	น	◌้	◌ำ	เ	ว
ล	◌ู	ก	เ	ร	◌ื	อ	◌ี	เ	ช	◌ื	อ	ก	ผ	ค
ร	น	เ	ด	ท	ผ	ม	ท	◌่	ค	ฝ	ไ	ข	ซ	ห
า	ค	ร	จ	◌ุ	ส	ส	ป	ะ	อ	ซ	ร	ะ	ฟ	ค
เ	แ	◌ี	า	ม	ผ	ฉ	ป	ท	เ	ง	ซ	ถ	ศ	ล
ส	ก	อ	ก	ส	ะ	ต	ณ	ย	◌่	ล	ย	ฝ	ไ	◌ี
า	ะ	ช	บ	า	ส	ล	เ	ะ	ท	า	ษ	น	พ	◌่
ส	ล	◌ู	ว	ห	ะ	บ	ไ	อ	◌ี	ร	เ	ย	ต	น
เ	า	ช	ไ	ม	ท	◌์	ช	อ	ย	อ	◌ี	ร	เ	◌์
น	ส	◌ี	ณ	จ	ร	ท	◌ุ	◌่	น	ก	จ	า	◌ี	ณ
ผ	◌ี	พ	เ	ร	◌ื	อ	ข	◌้	า	ม	ฟ	า	ก	อ
ล	ซ	แ	ะ	ห	ฟ	ช	ธ	ฟ	แ	ฝ	แ	ข	แ	ย
พ	พ	บ	น	ฟ	ด	บ	า	ง	ย	ผ	ศ	ณ	แ	ง

สมอ
เรือข้ามฟาก
เรือชูชีพ
ทุ่น
คายัค
แคนู
เชือก
ท่าเรือ
เรือยอชท์
แพ
ทะเลสาบ
ทะเล
กะลาสี
เสา
เครื่องยนต์
มหาสมุทร
คลื่น
แม่น้ำ
ลูกเรือ
เรือใบ

100 - Mamíferos

โ	พ	ว	ฝ	ศ	ง	ค	จ	ป	ข	ย	ศ	ข	ไ	ฟ
ซ	ค	ฟ	ฟ	ณ	แ	ท	◌ิ	ล	ณ	ม	แ	ว	เ	ณ
า	ม	โ	ร	ร	ป	โ	ง	า	ย	ก	ไ	ร	า	ศ
ห	◌้	ญ	ย	ร	ฉ	ค	โ	โ	ล	◌ี	บ	แ	ร	ณ
ม	า	ก	ง	ต	ด	เ	จ	ล	ฬ	ภ	ร	ธ	ฟ	แ
า	ล	น	ห	เ	◌ี	ศ	◌้	ม	า	◌่	ป	า	ม	ห
ฟ	า	ย	ค	ค	า	◌้	ล	า	ว	แ	ค	ร	ฟ	อ
◌็	ย	ย	ไ	ท	า	ต	อ	ก	ร	ะ	ต	◌่	า	ย
อ	ษ	ญ	ไ	ศ	ฝ	ฉ	ว	ม	แ	ค	ม	ฝ	ฐ	ไ
ก	บ	พ	ร	แ	ซ	ร	ผ	◌้	ถ	ไ	ฉ	ะ	◌ู	ษ
ซ	ส	ญ	ย	ก	ธ	ย	ธ	า	ล	ล	◌ิ	ร	อ	ก
◌์	◌ิ	ธ	ถ	ะ	ต	อ	เ	ณ	เ	◌ิ	ภ	ร	ง	ษ
ไ	ง	ฉ	ข	ท	ร	ช	บ	พ	ส	ร	ง	า	◌้	ช
ช	โ	บ	◌ี	เ	ว	อ	ร	◌์	น	ฉ	า	ย	ศ	ภ
ย	ต	ช	น	ไ	ะ	อ	ญ	ไ	ด	ธ	ฝ	ะ	ท	ท

วาฬ
อูฐ
จิงโจ้
บีเวอร์
ม้า
หมา
กระต่าย
โคโยตี้
ช้าง
แมว
ยีราฟ
ปลาโลมา
กอริลลา
สิงโต
หมาป่า
ลิง
แกะ
ฟ็อกซ์
โค
ม้าลาย

1 - Dirigindo

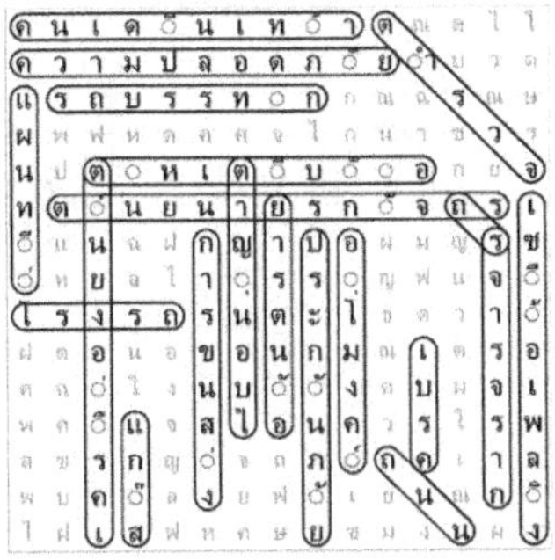

2 - Antiguidades

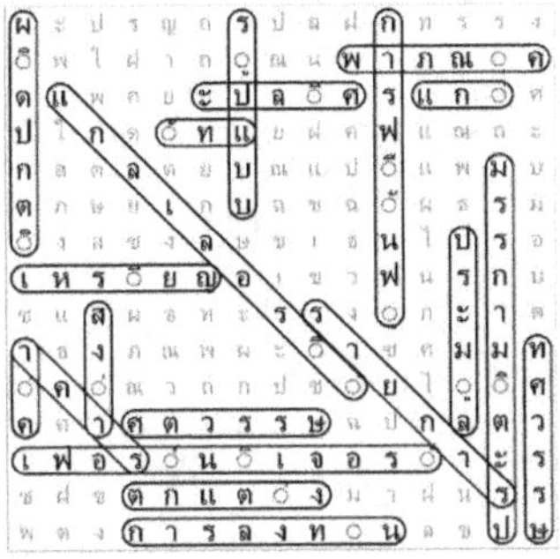

3 - Churrascos

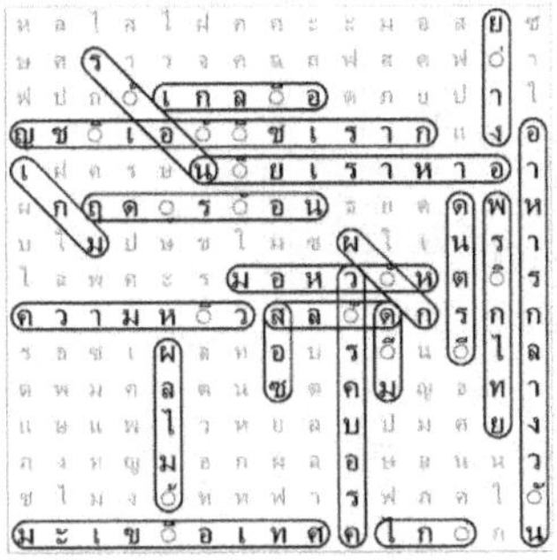

4 - Pesca

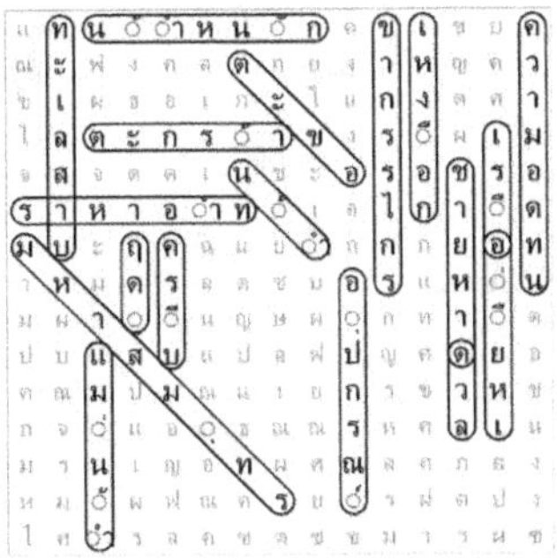

5 - Geologia

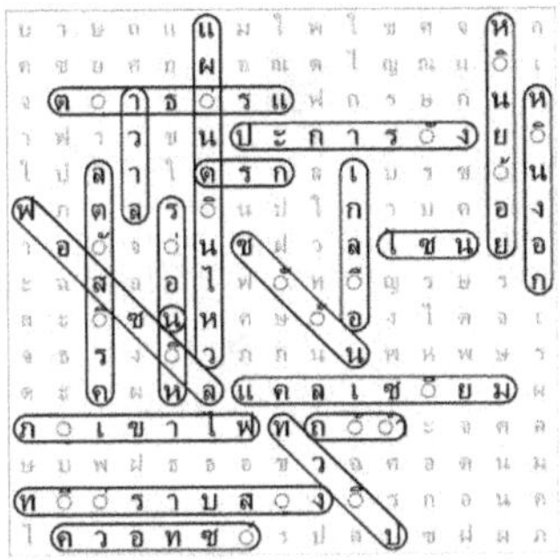

6 - Tempo

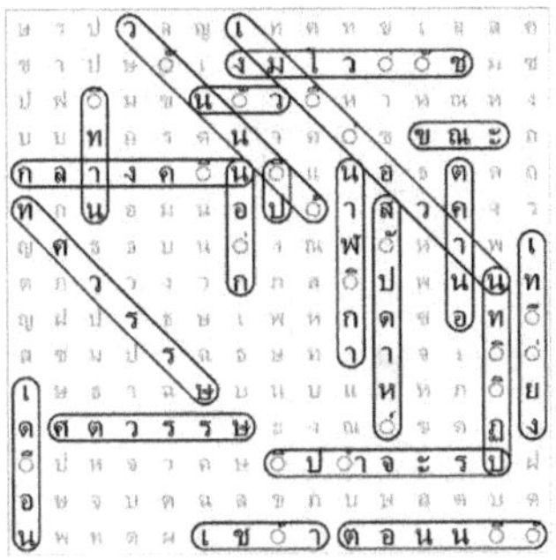

7 - Astronomia

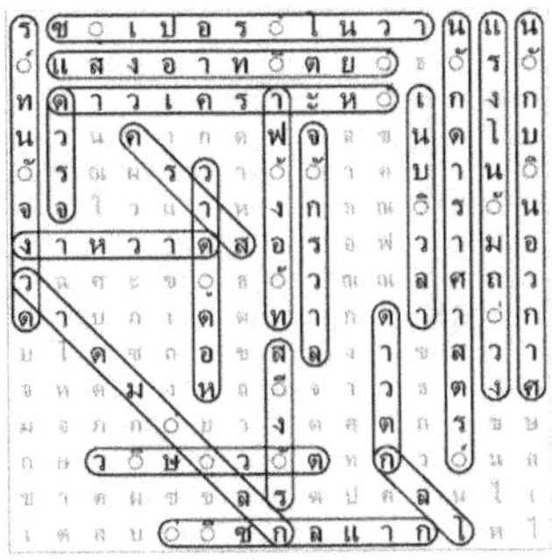

8 - Acampamento

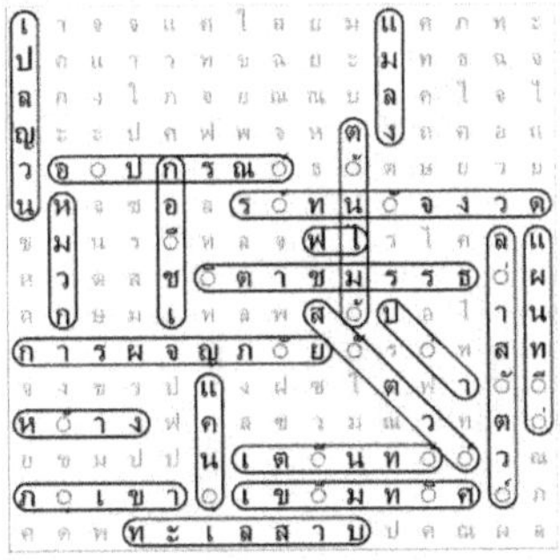

9 - Ficção Científica

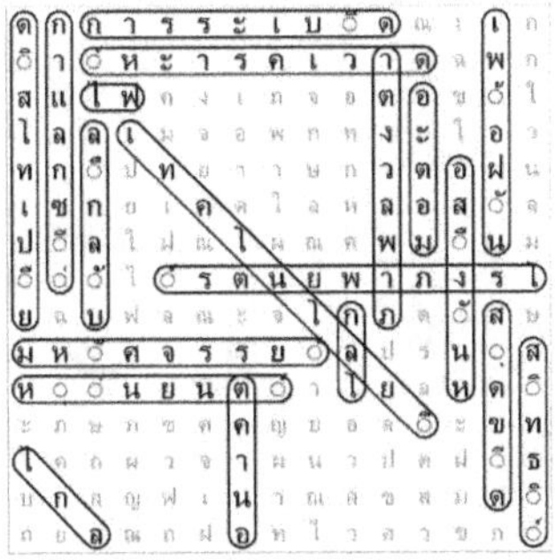

10 - Mitologia

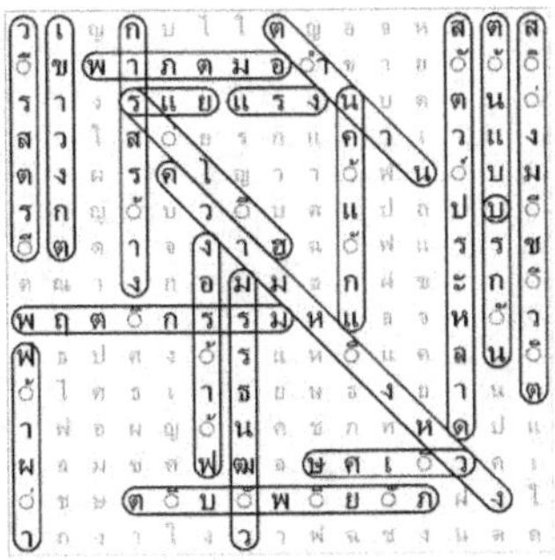

11 - Medições

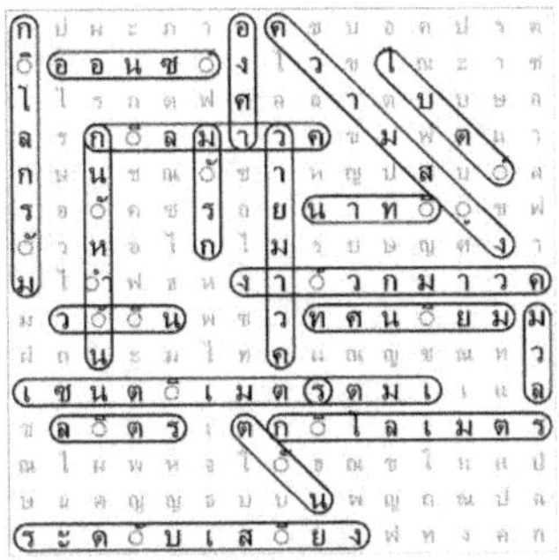

12 - Álgebra

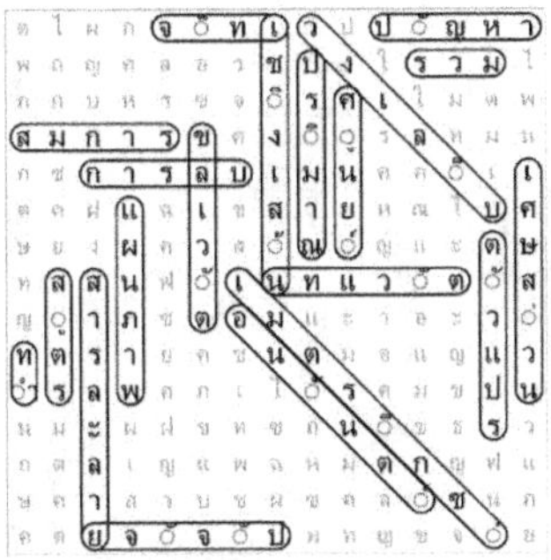

13 - Plantas

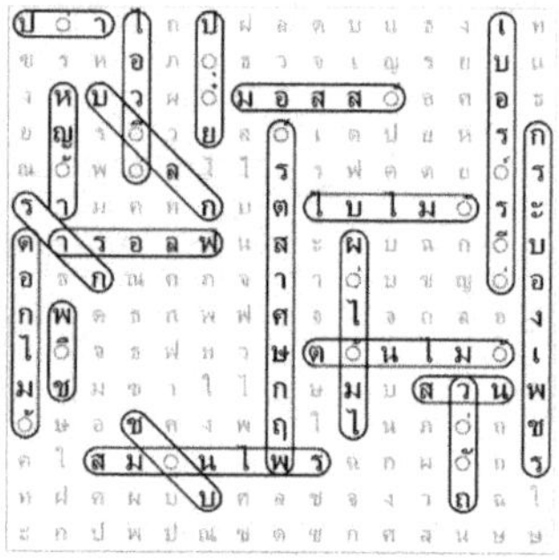

14 - Veículos

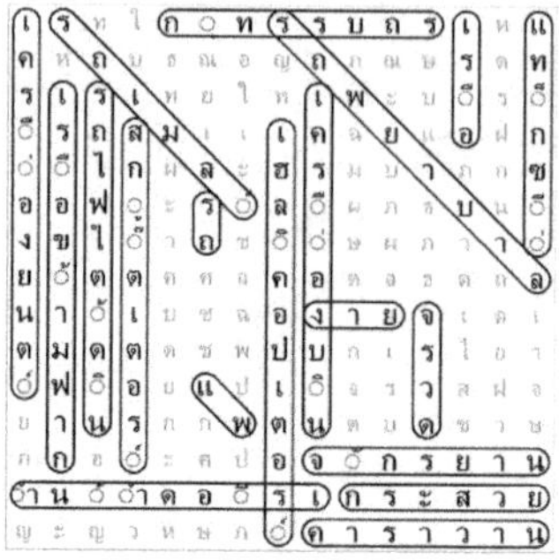

15 - Engenharia

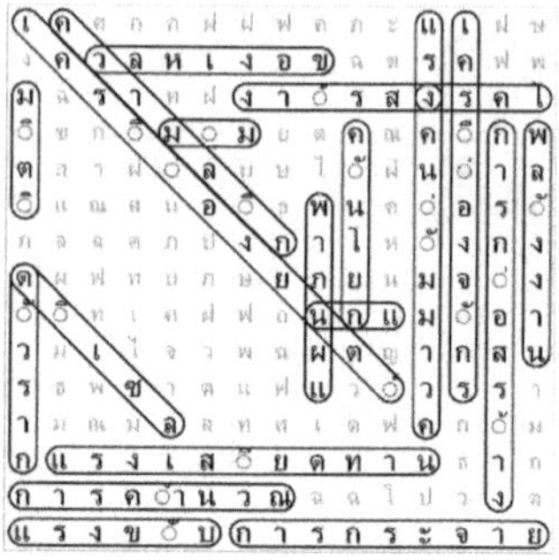

16 - Restaurante # 2

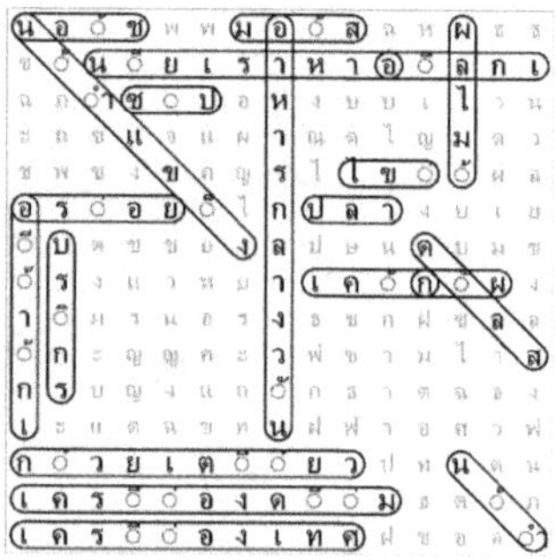

17 - Países #2

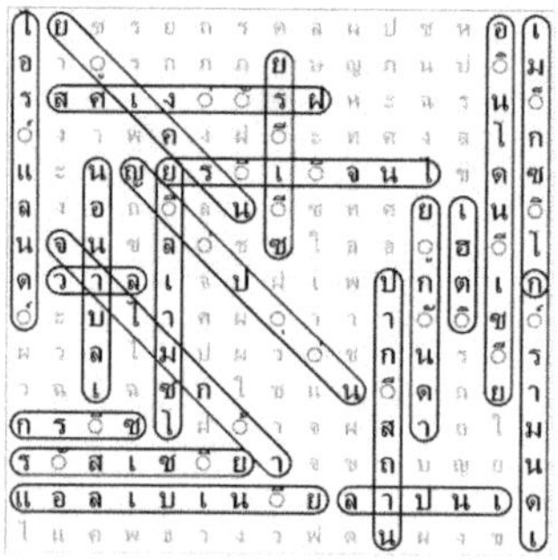

18 - Cozinha

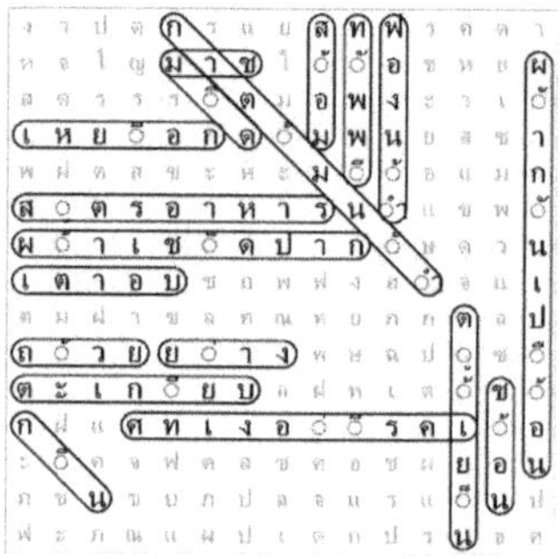

19 - Material de Arte

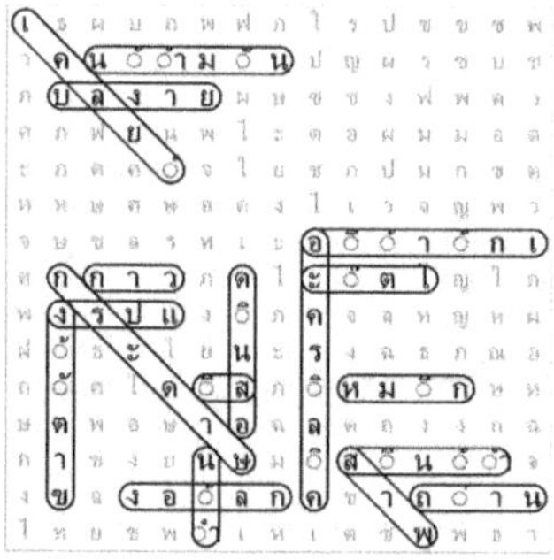

20 - Números

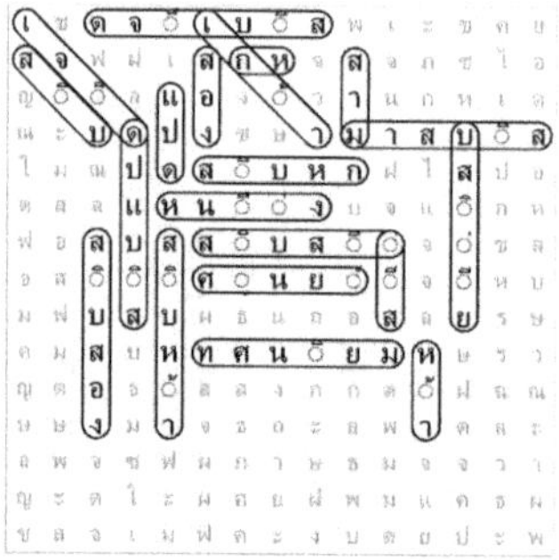

21 - Física

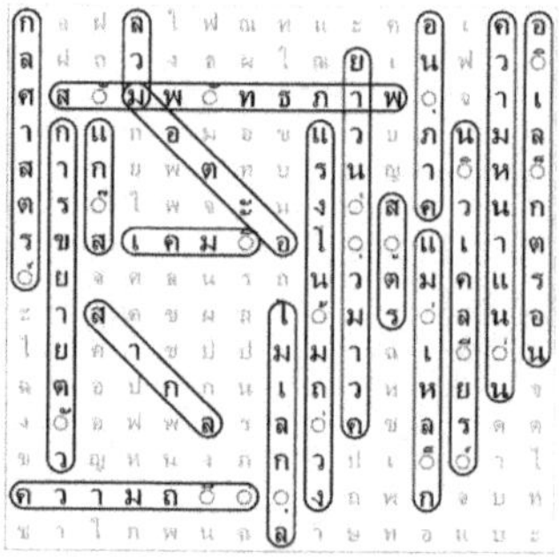

22 - Especiarias

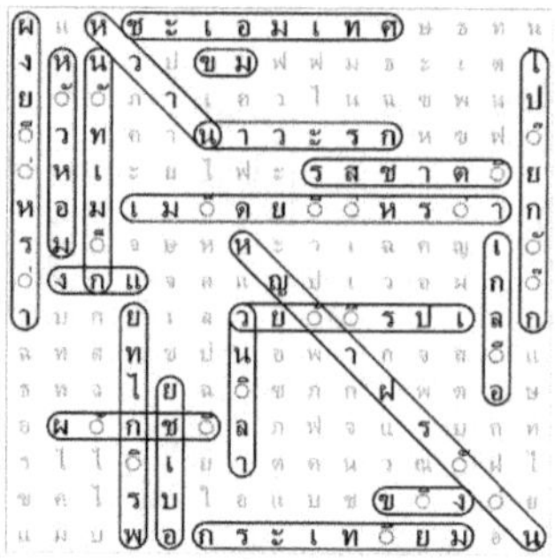

23 - Países #1

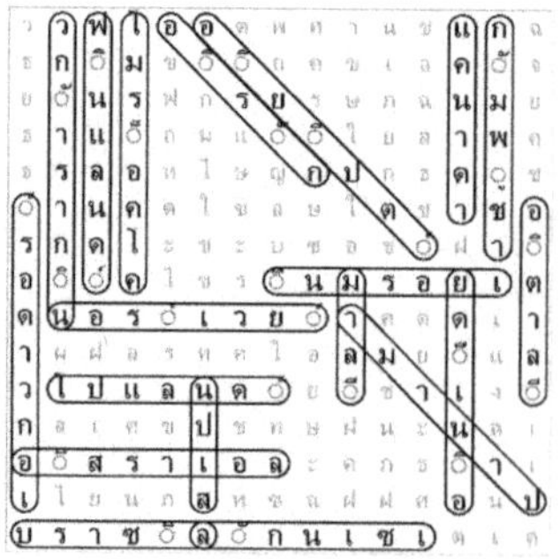

24 - A Mídia

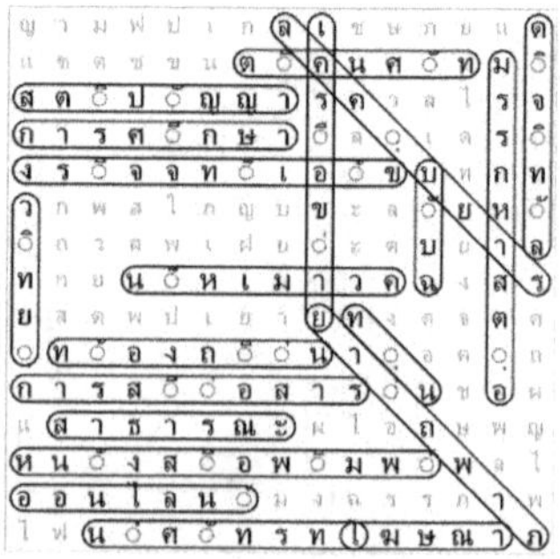

25 - Casa

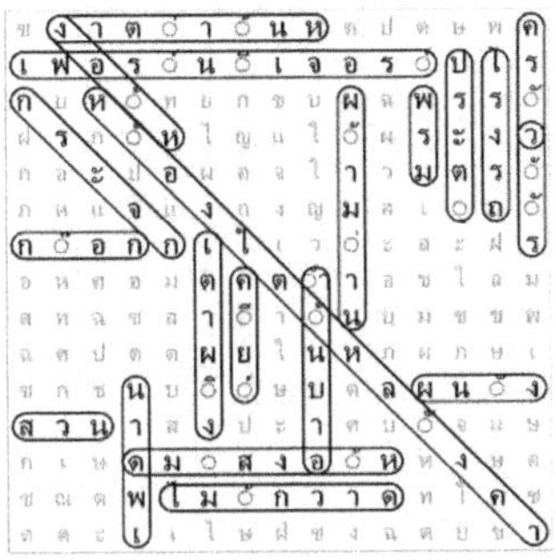

26 - Vegetais

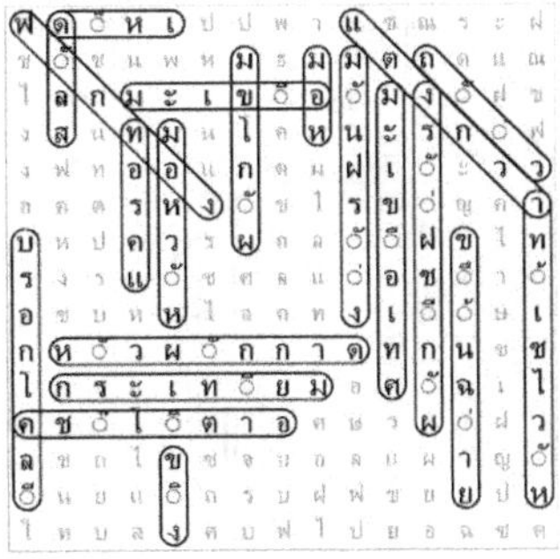

27 - Balé

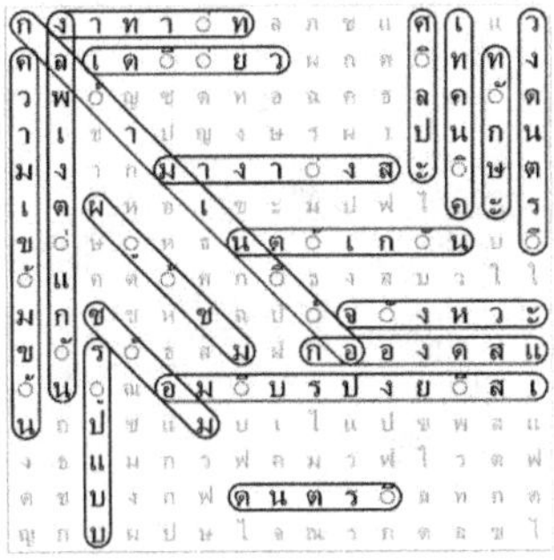

28 - Adjetivos #1

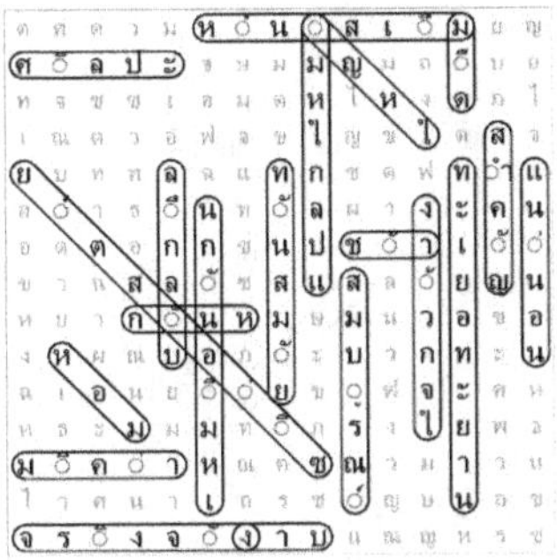

29 - Insetos

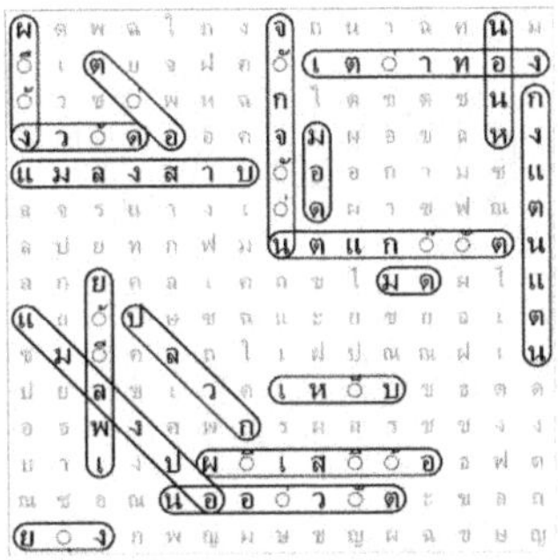

30 - Psicologia

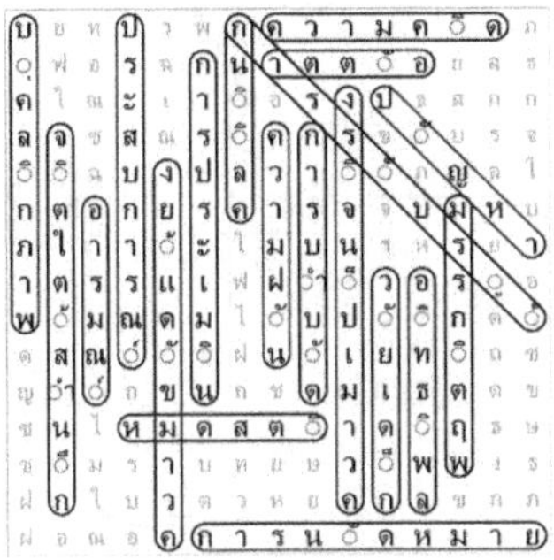

31 - Paisagens

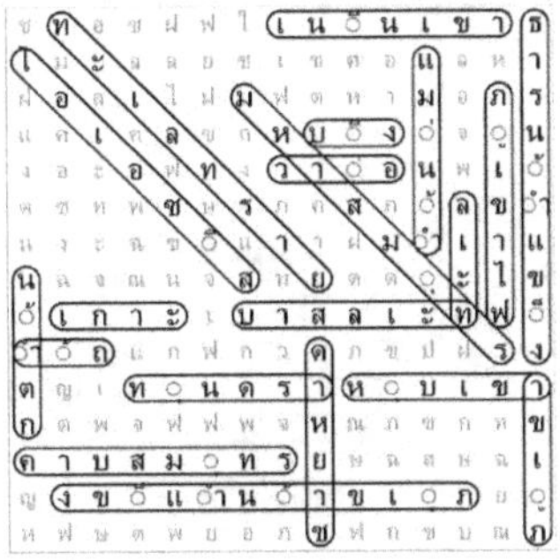

32 - Nutrição

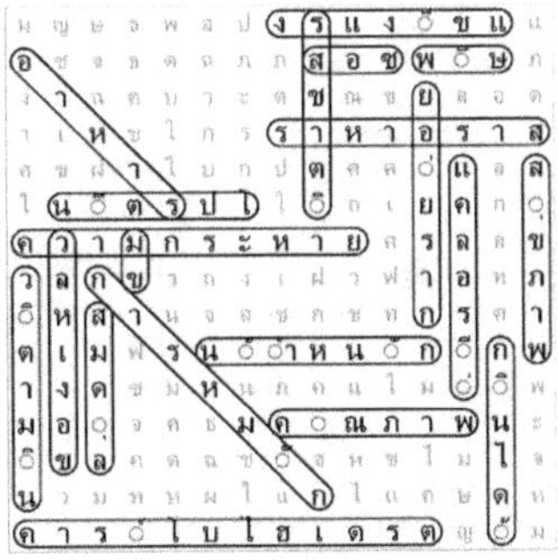

33 - Energia

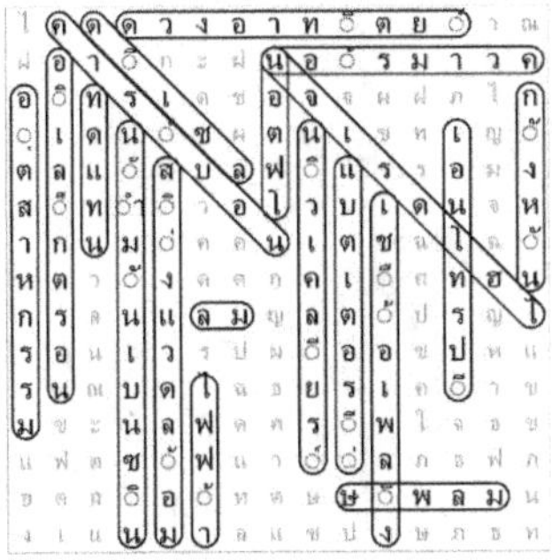

34 - Disciplinas Científicas

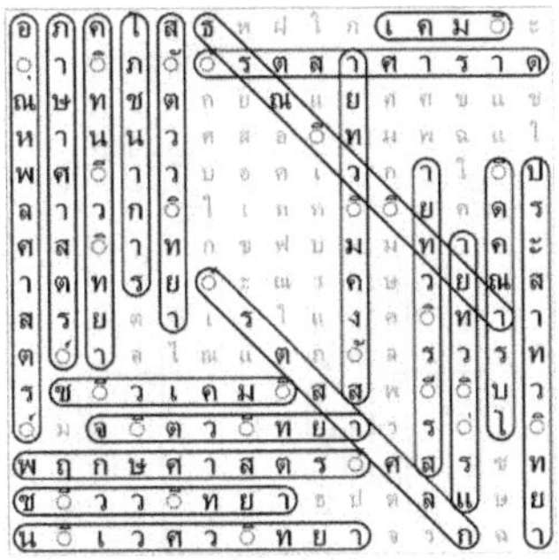

35 - Meditação

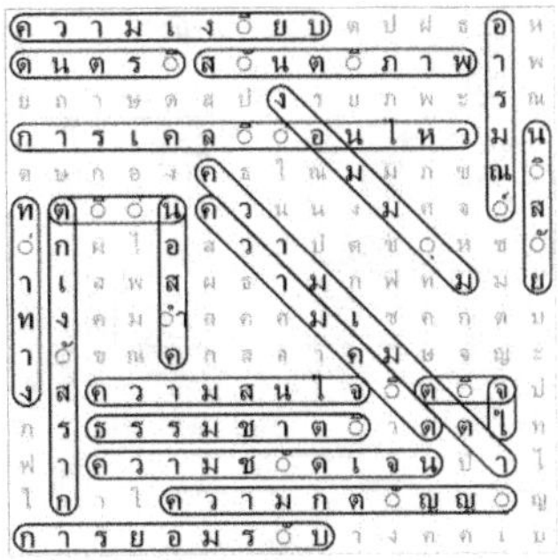

36 - Instrumentos Musicais

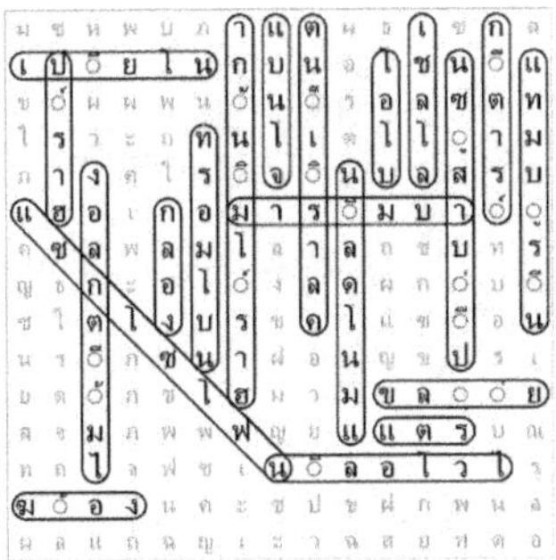

37 - Adjetivos #2

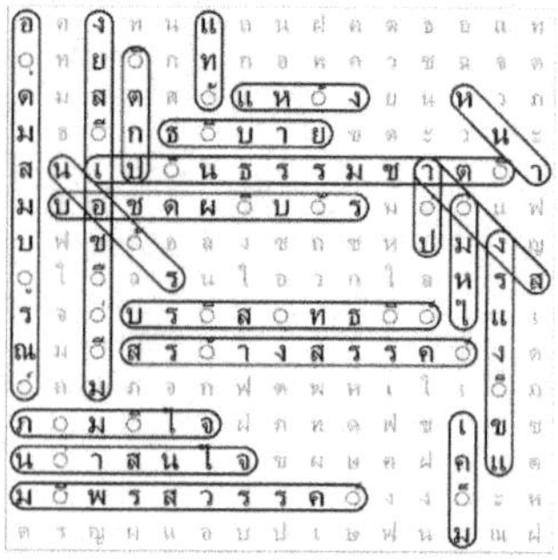

38 - Roupas

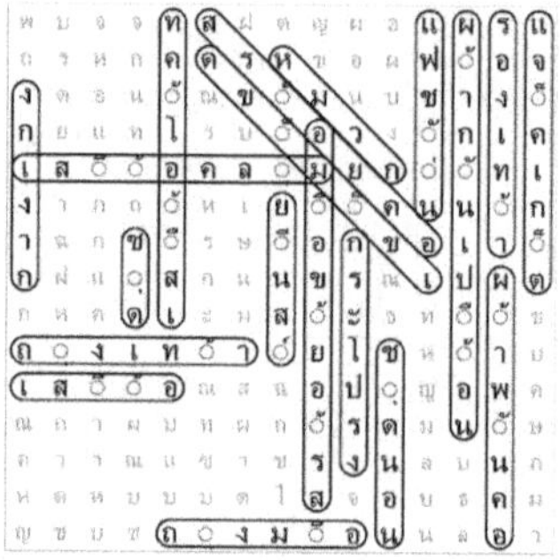

39 - Herbalismo

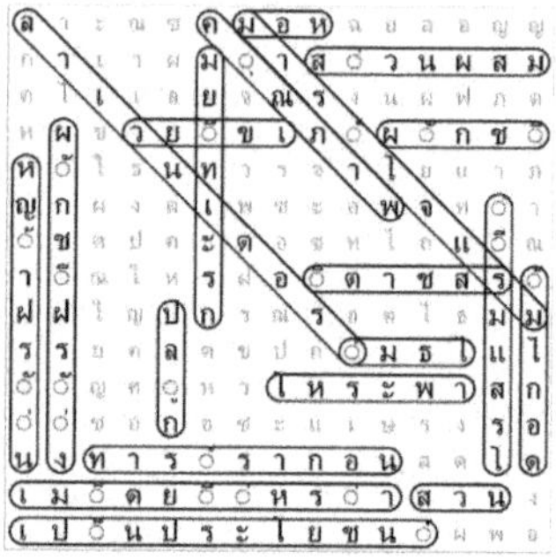

40 - Arqueologia

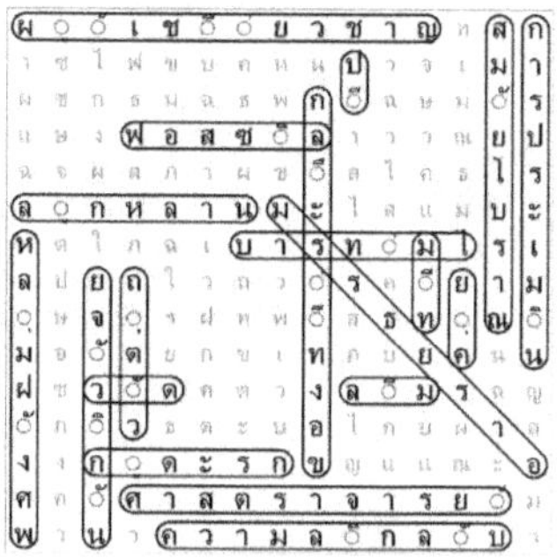

41 - Agronomia

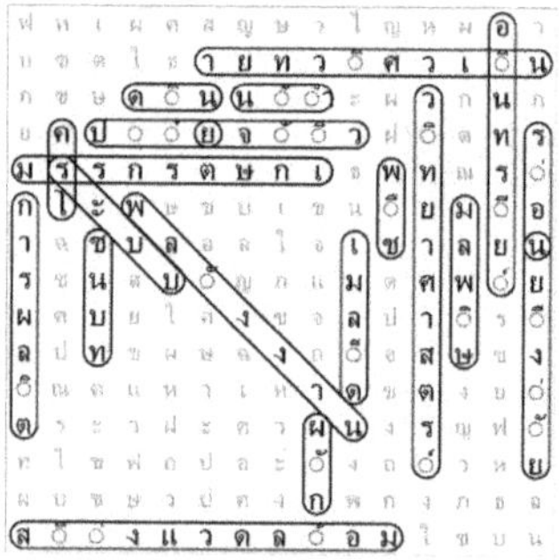

42 - Frutas

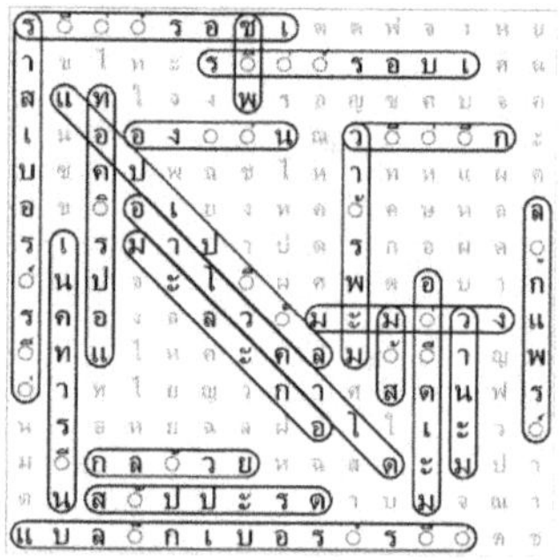

43 - Corpo Humano

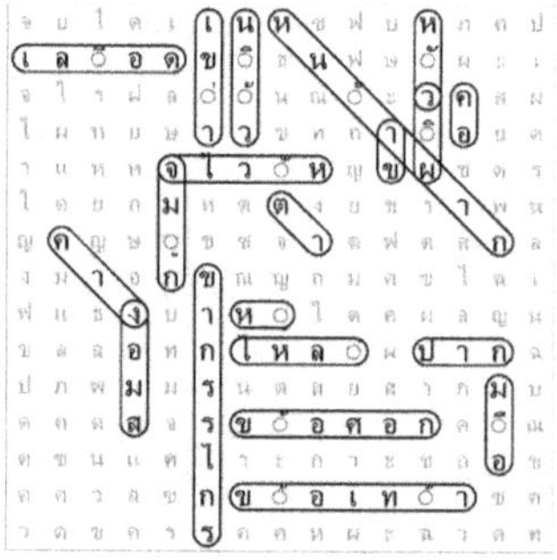

44 - Restaurante #1

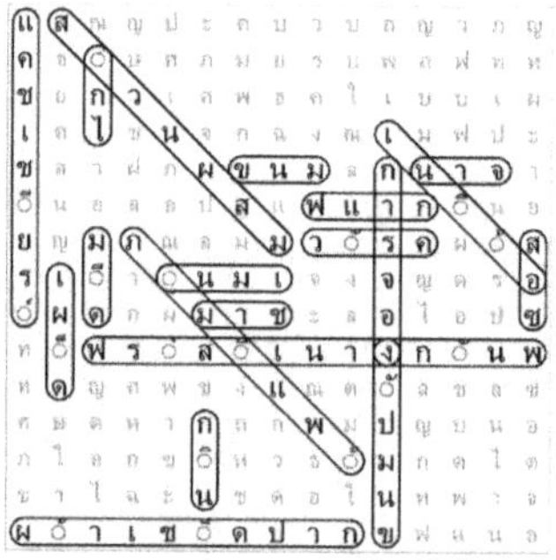

45 - Caminhada

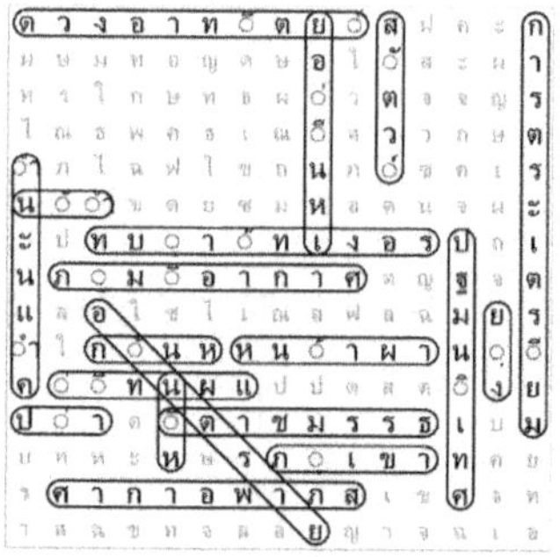

46 - Biologia

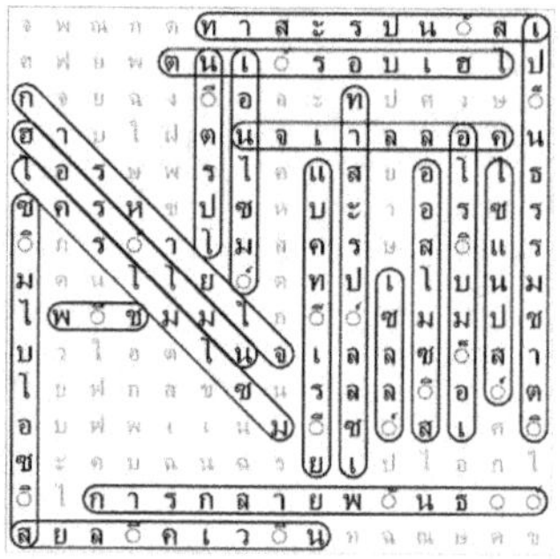

47 - Beleza

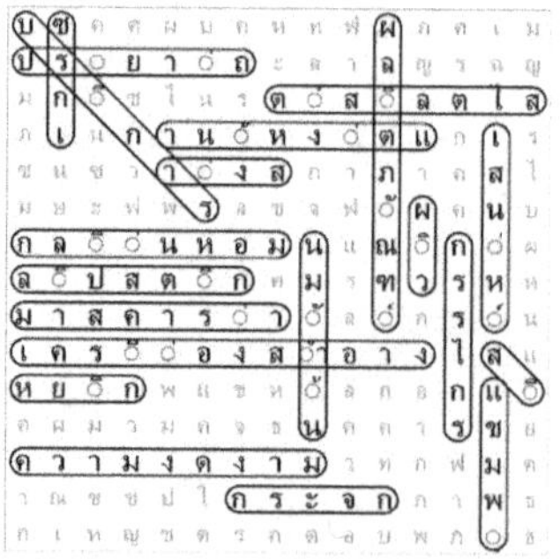

48 - Filantropia

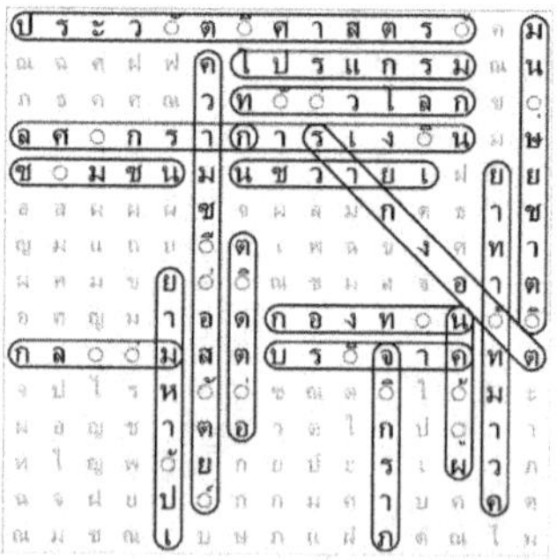

49 - Ecologia

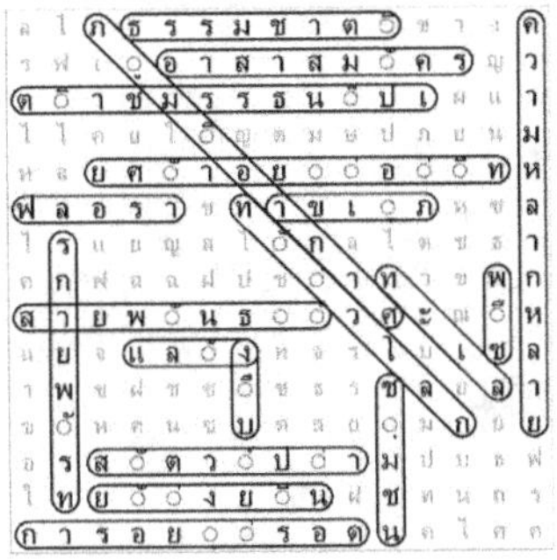

50 - Família

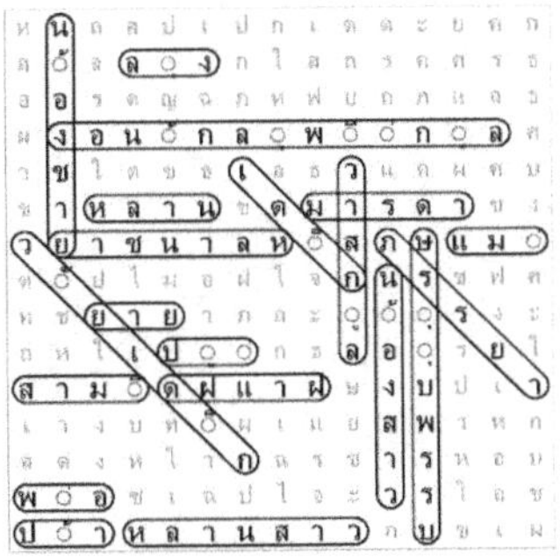

51 - Férias #2

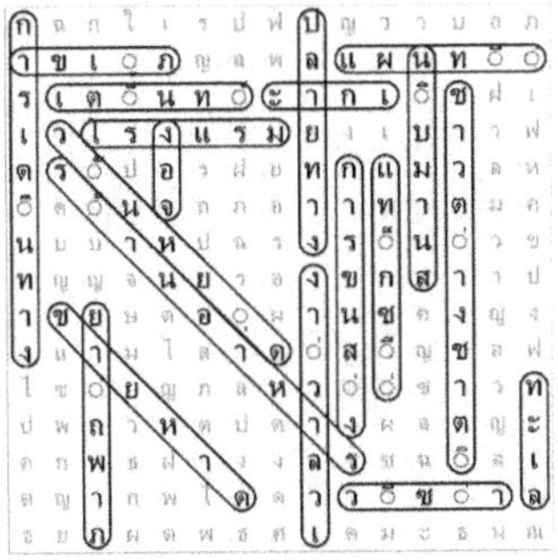

52 - Edifícios

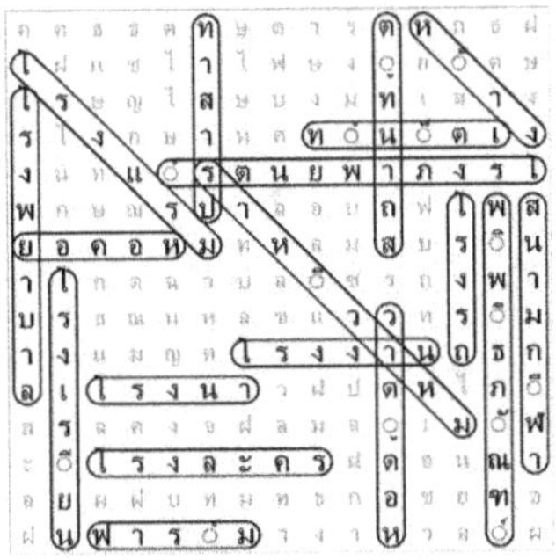

53 - Xadrez

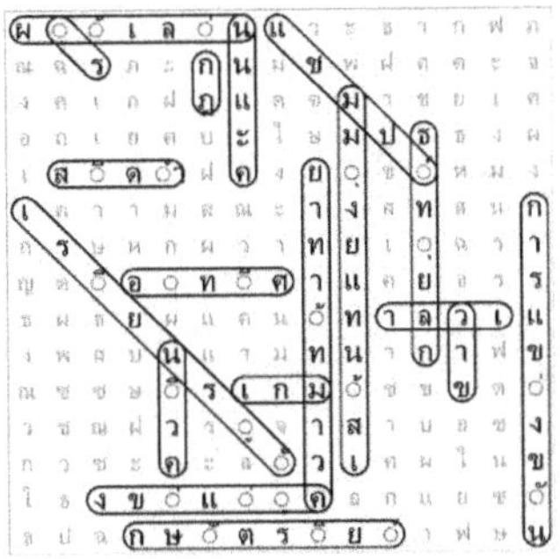

54 - Aventura

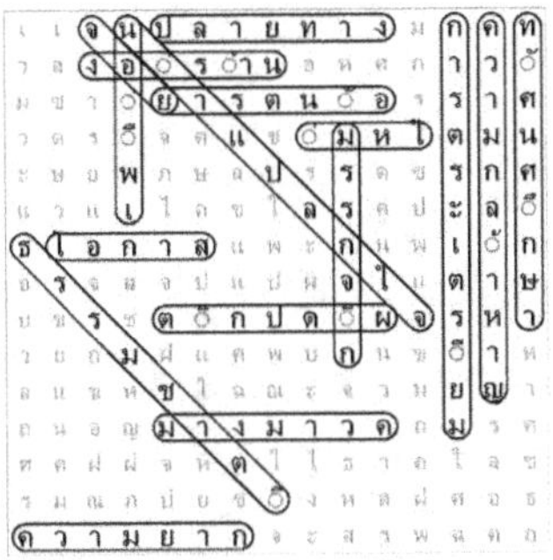

55 - Cidade

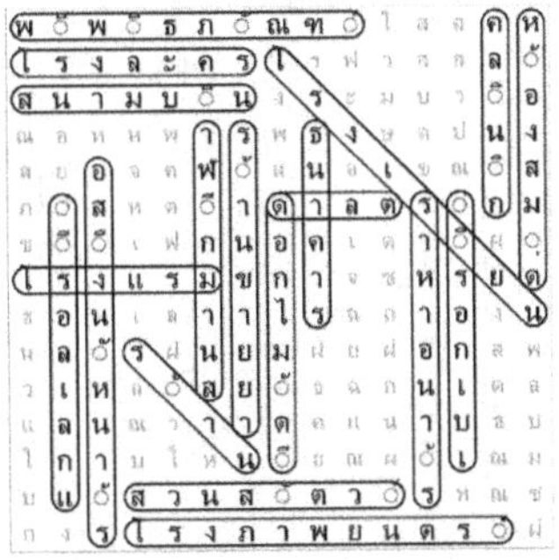

56 - Música

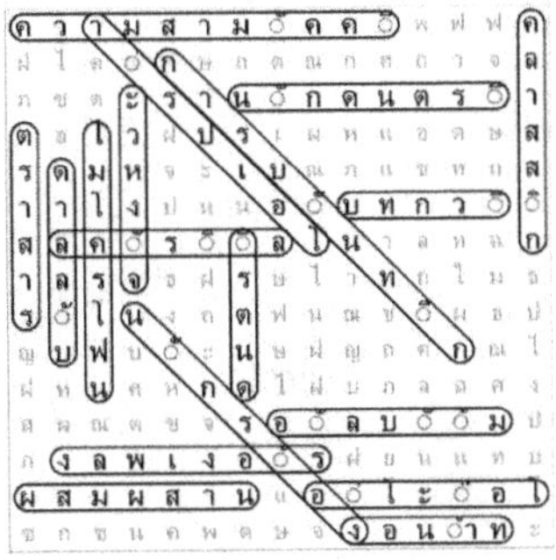

57 - Matemática

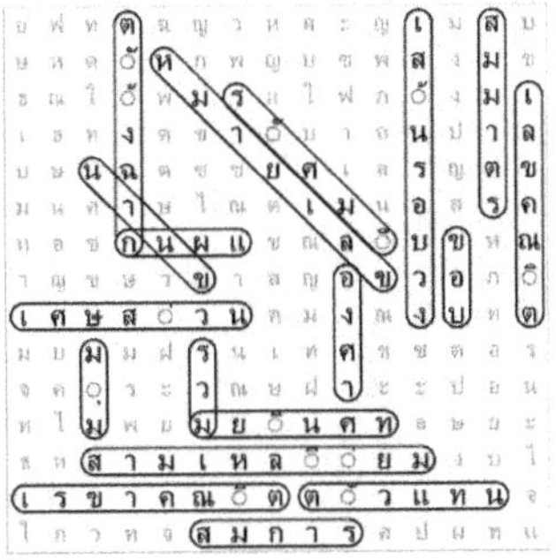

58 - Saúde e Bem Estar #1

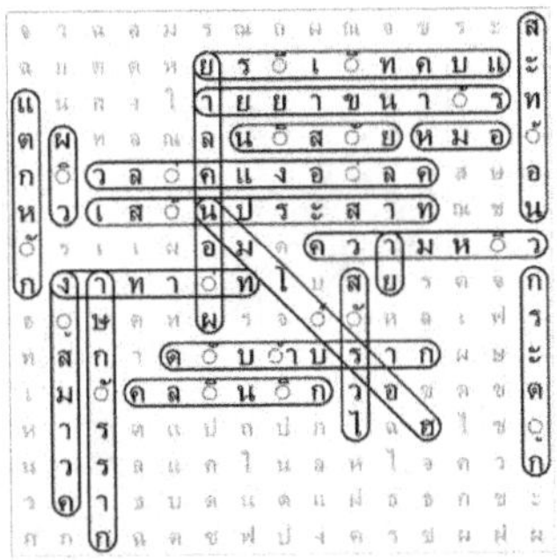

59 - Natureza

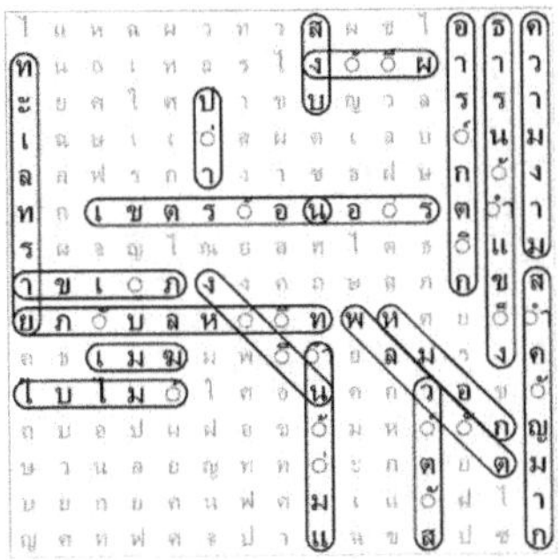

60 - A Empresa

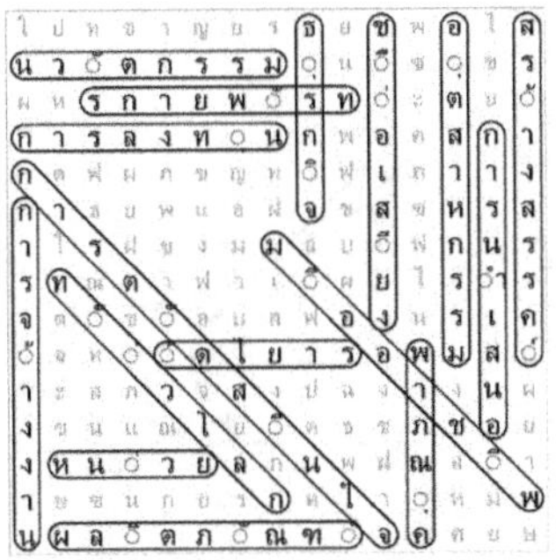

61 - Doença

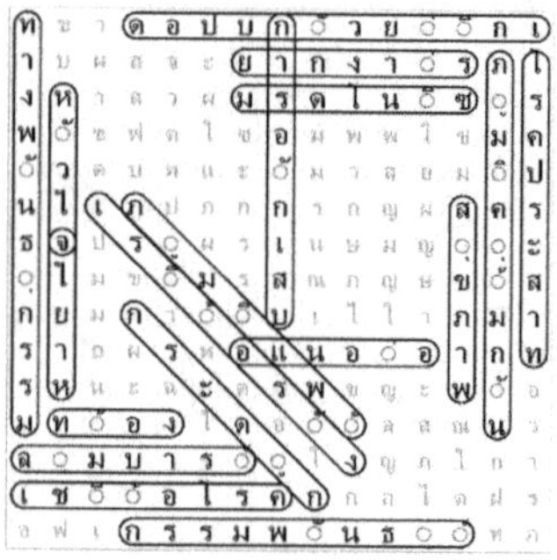

62 - Aquecimento Global

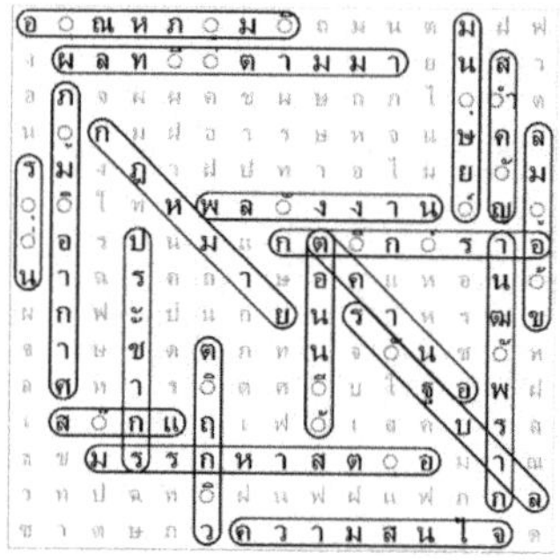

63 - Aviões

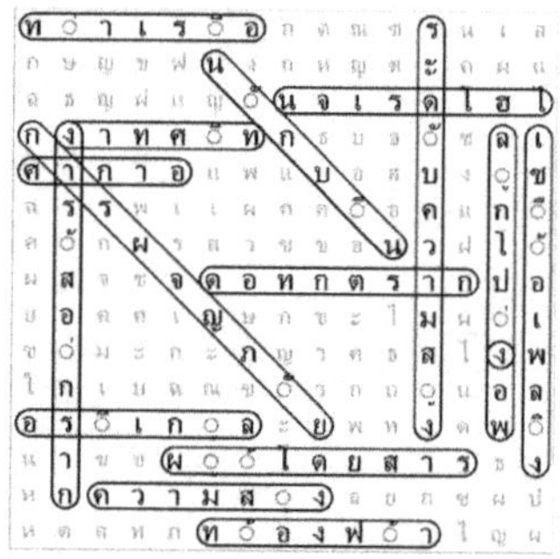

64 - Tipos de Cabelo

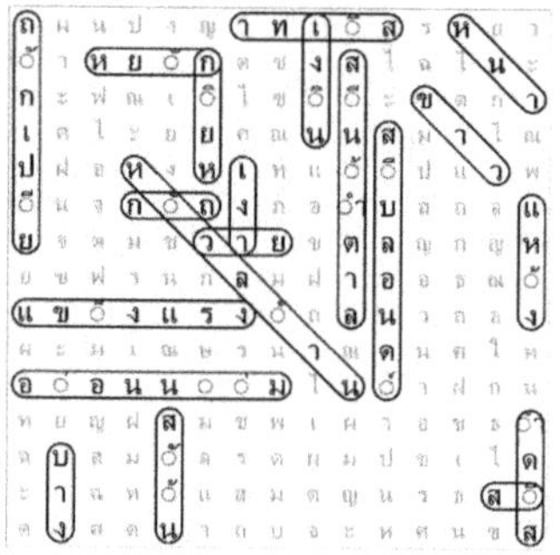

65 - Criatividade

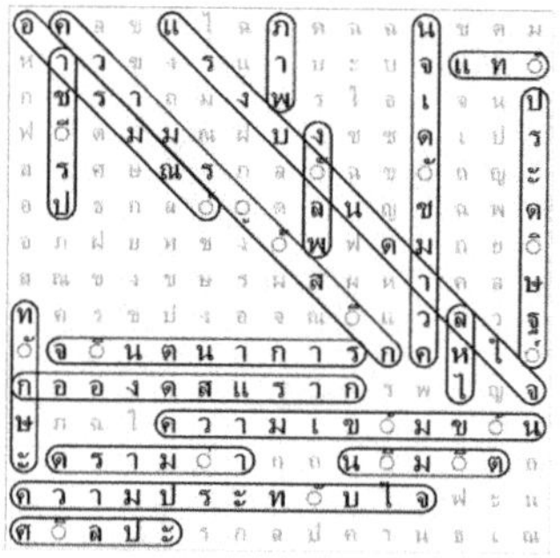

66 - Dias e Meses

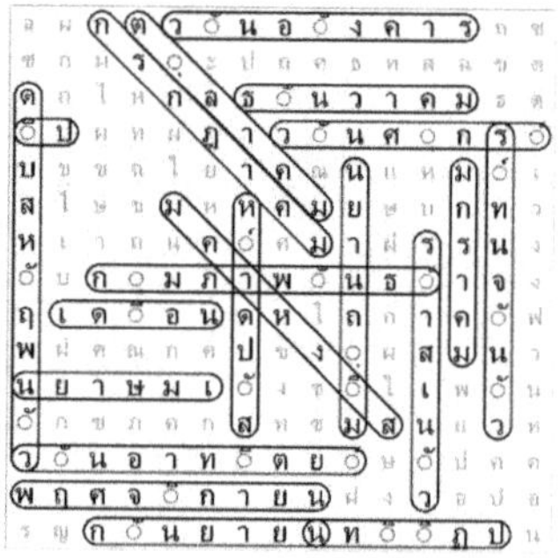

67 - Saúde e Bem Estar #2

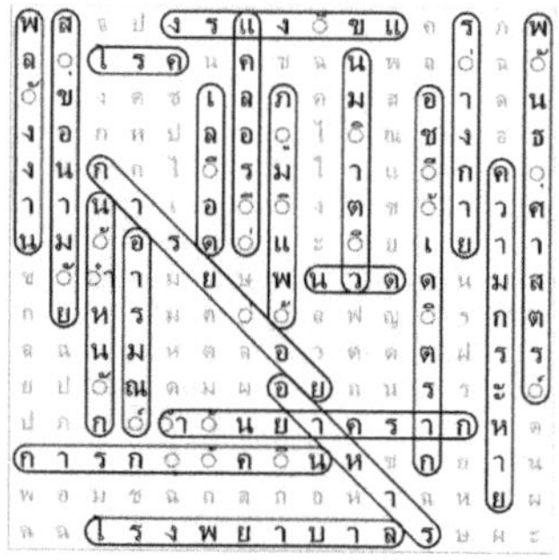

68 - Geografia

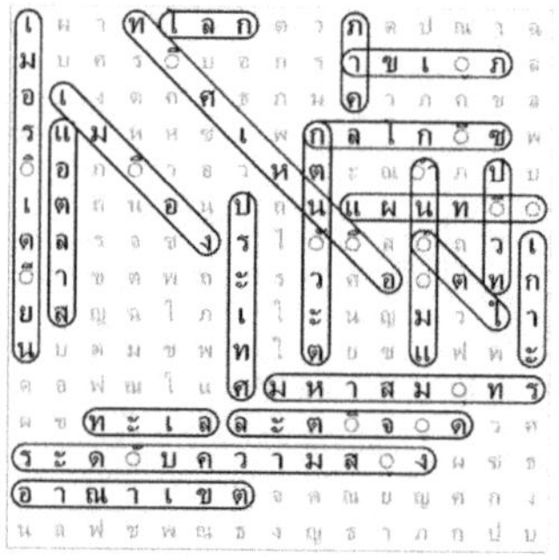

69 - Antártica

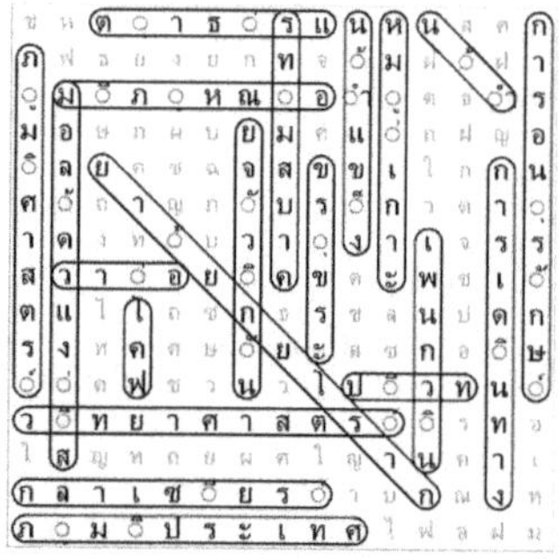

70 - Flores

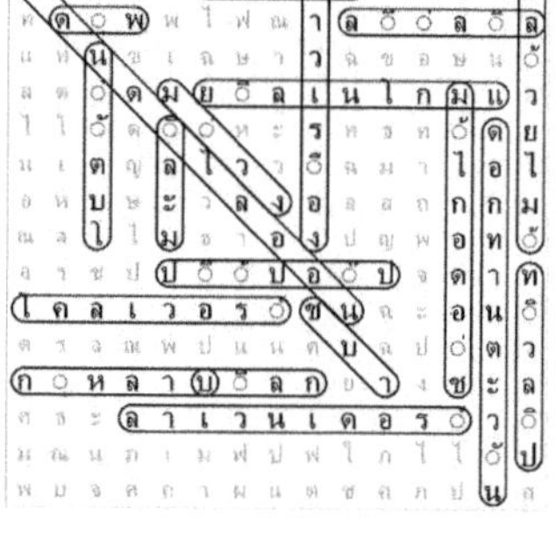

71 - Fazenda #1

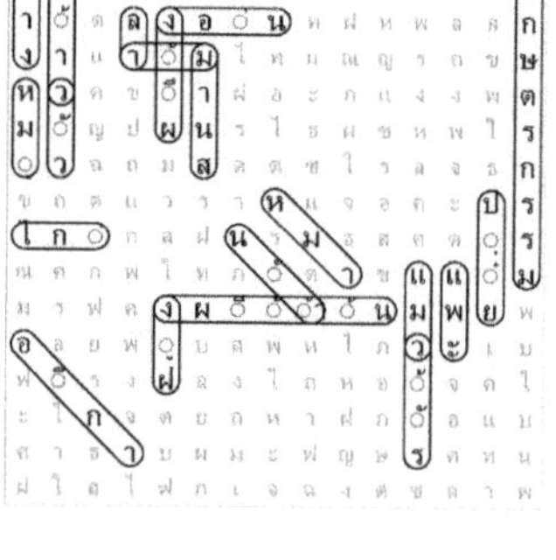

72 - Livros

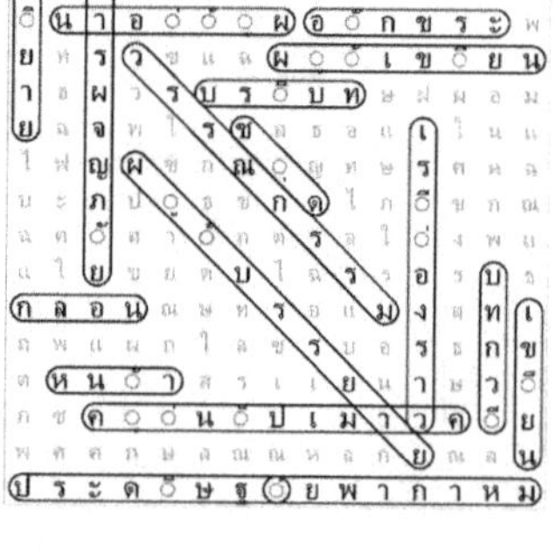

73 - Chocolate

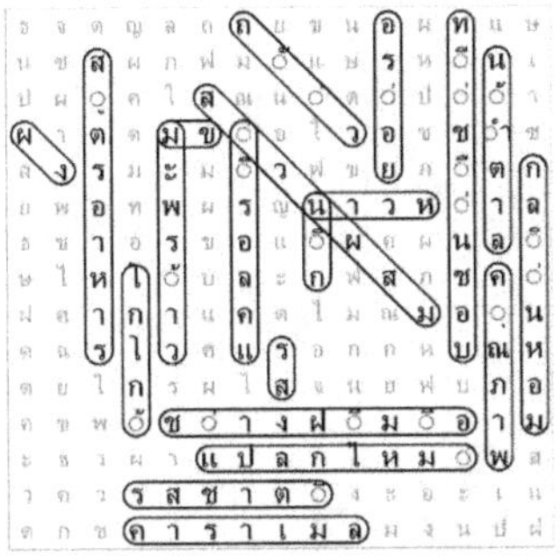

74 - Governo

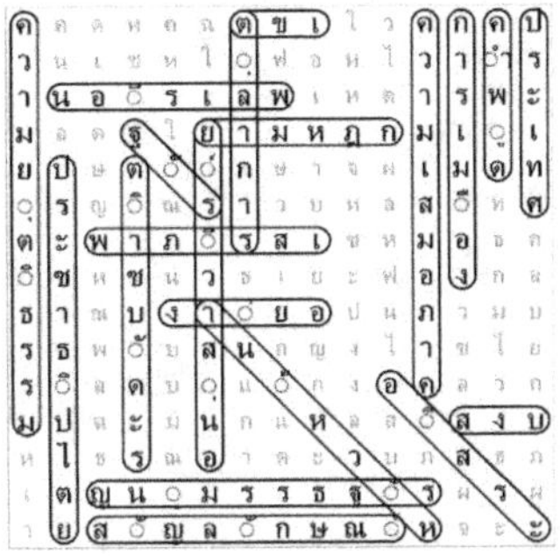

75 - Jardinagem

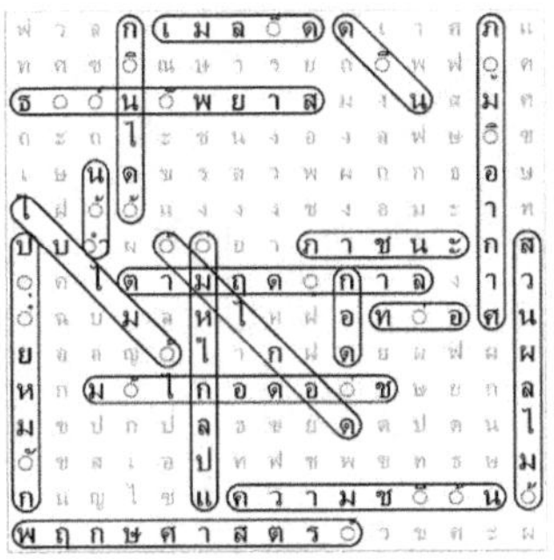

76 - Profissões #2

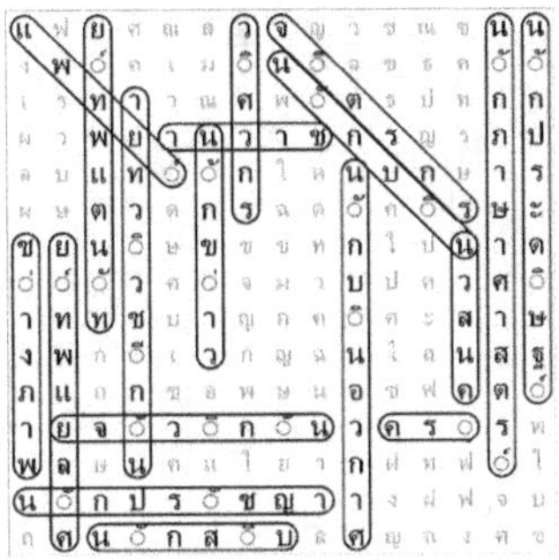

77 - Café

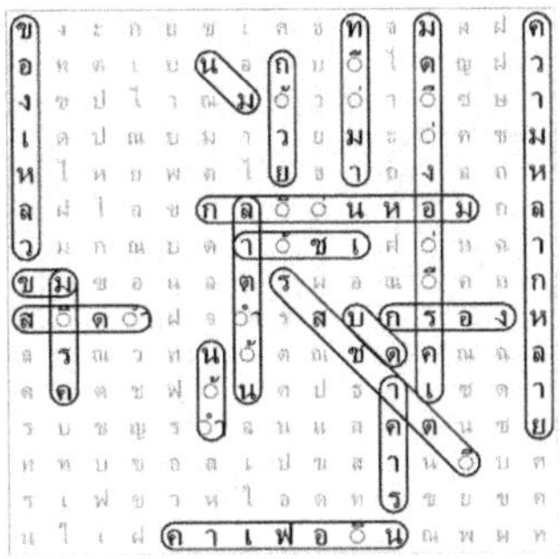

78 - Negócios

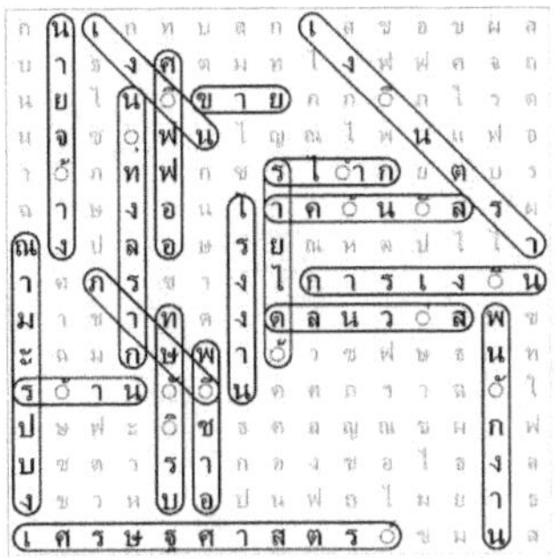

79 - Fazenda #2

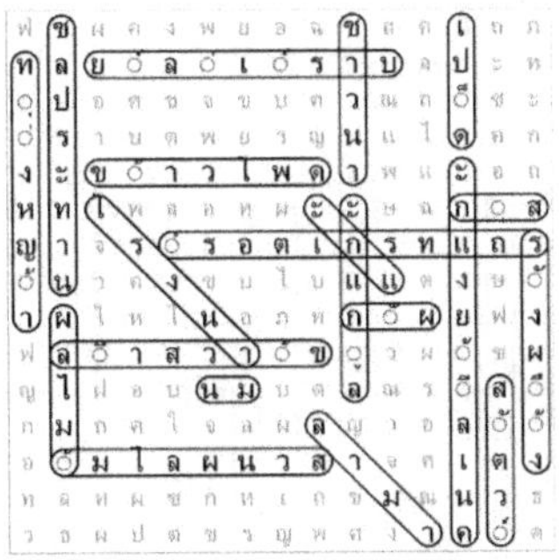

80 - Jardim

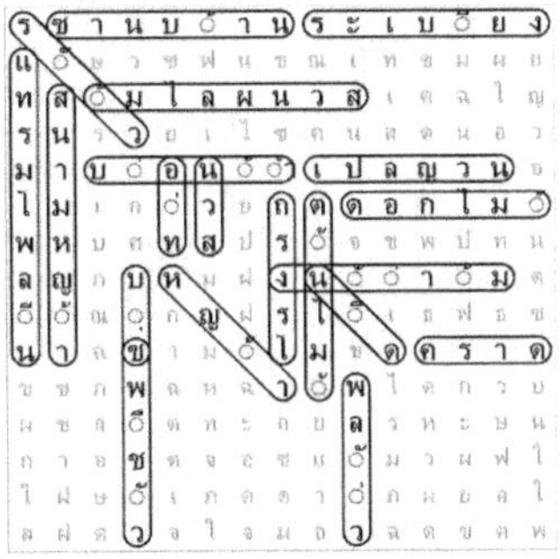

81 - Política

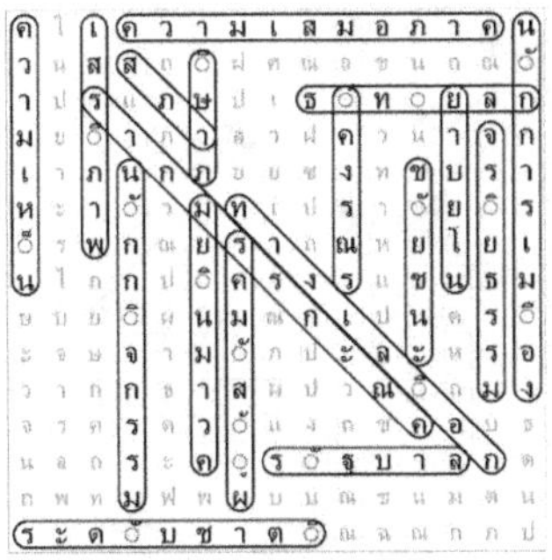

82 - Oceano

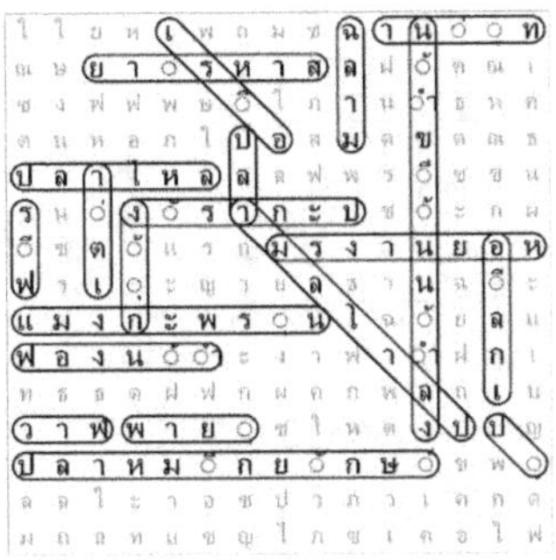

83 - Profissões #1

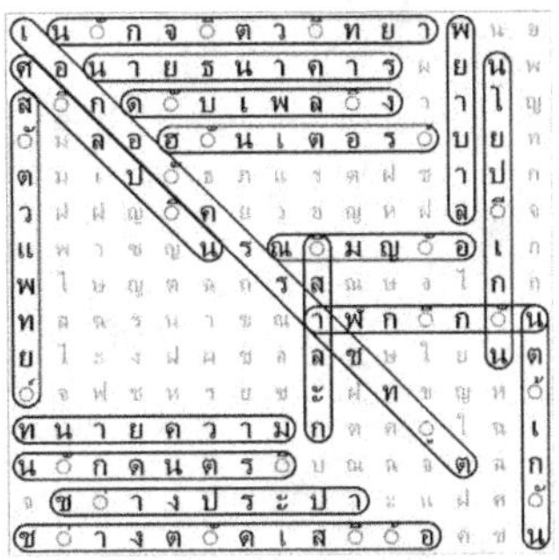

84 - Força e Gravidade

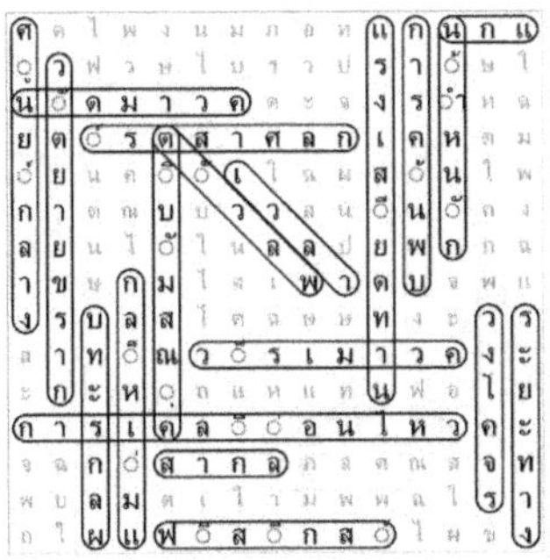

85 - Abelhas

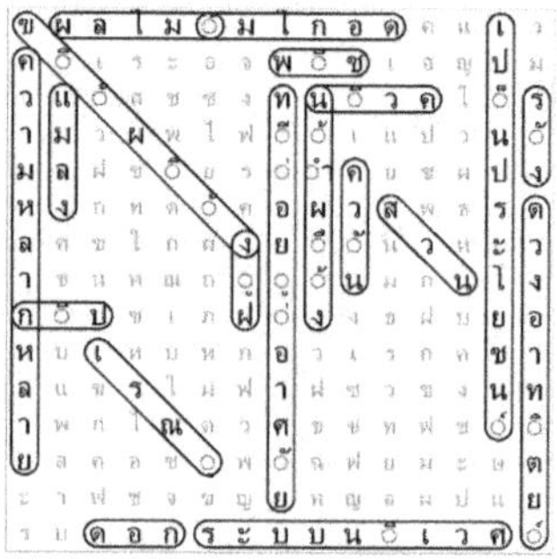

86 - Ciência

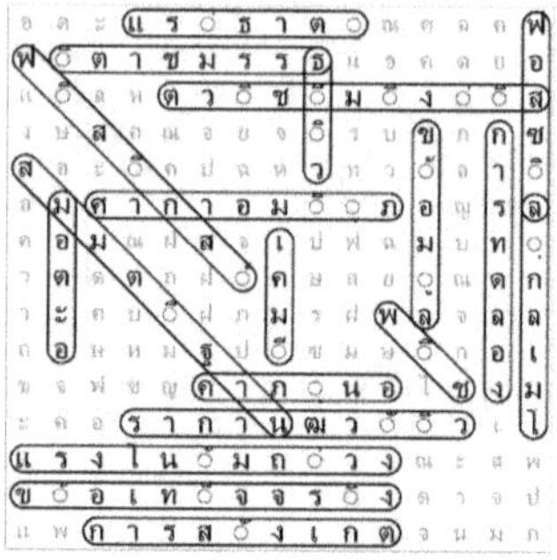

87 - Comida #1

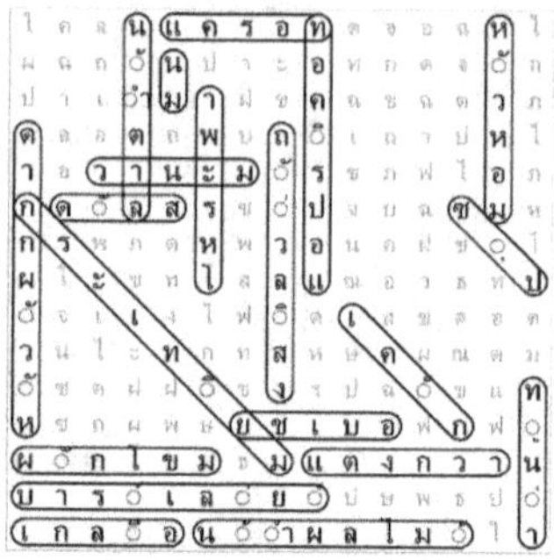

88 - Geometria

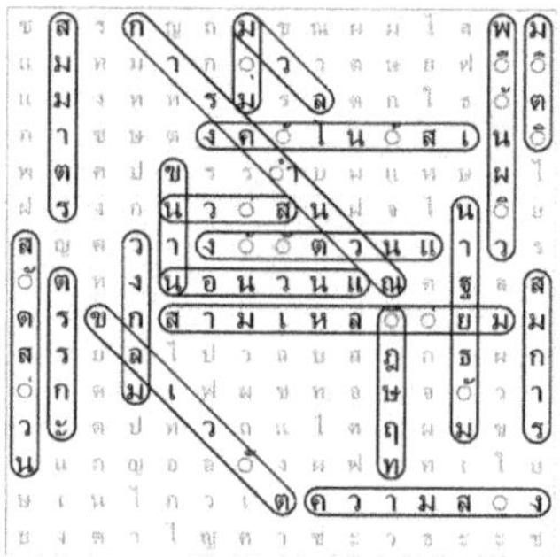

89 - Pássaros

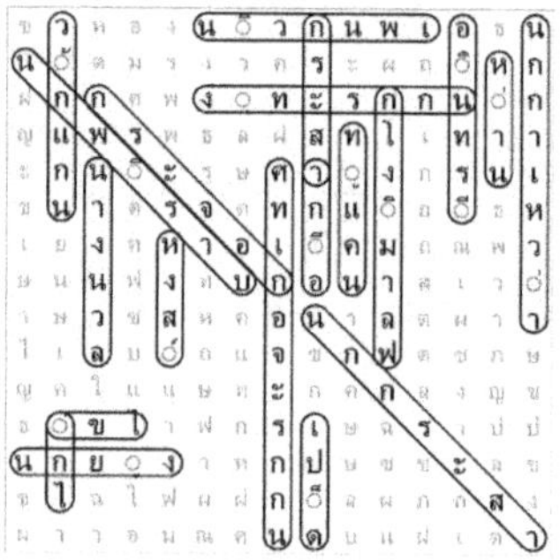

90 - Literatura

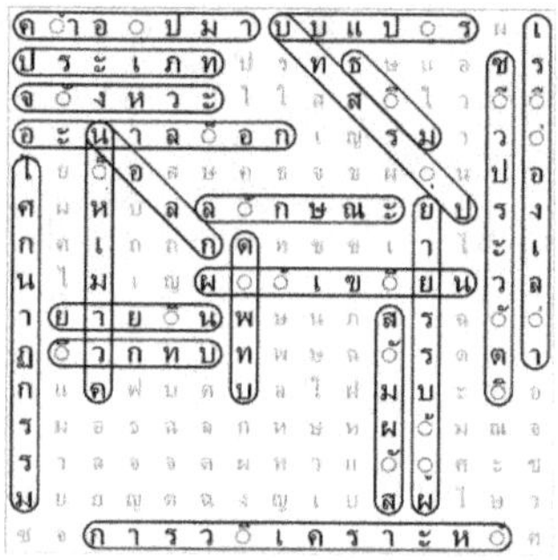

91 - Química

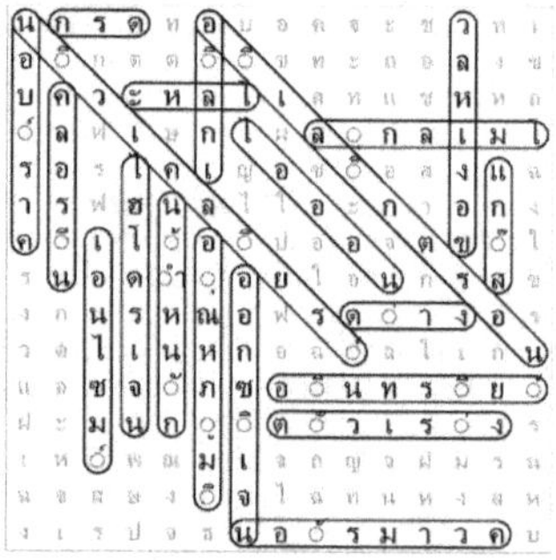

92 - Clima

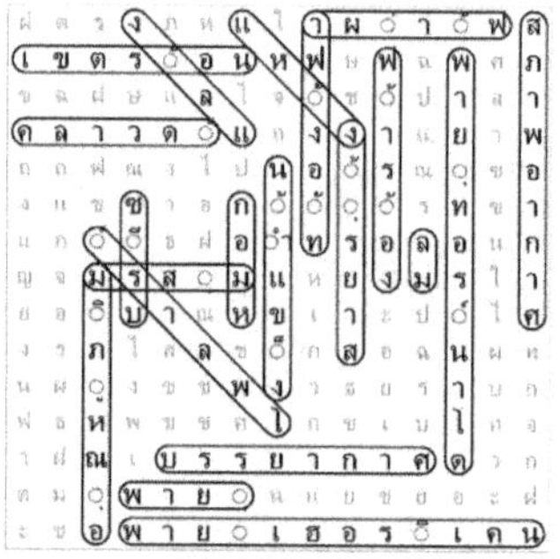

93 - Tecnologia

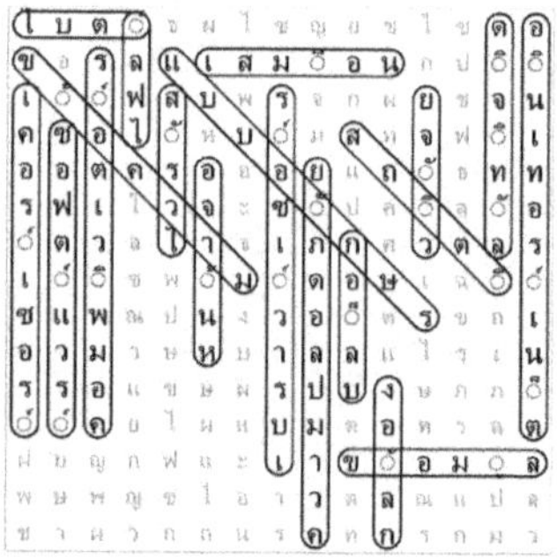

94 - Arte

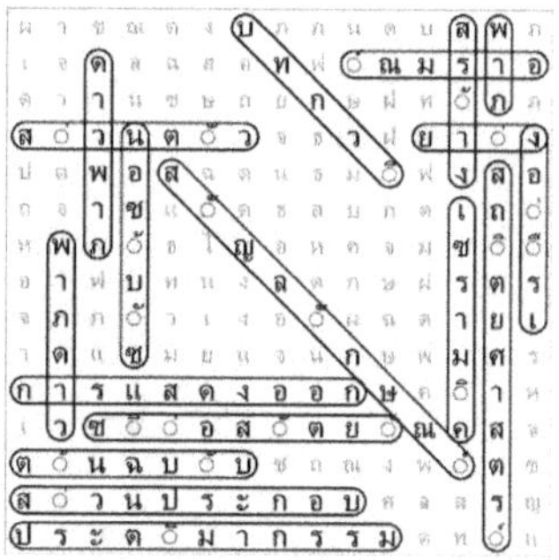

95 - Diplomacia

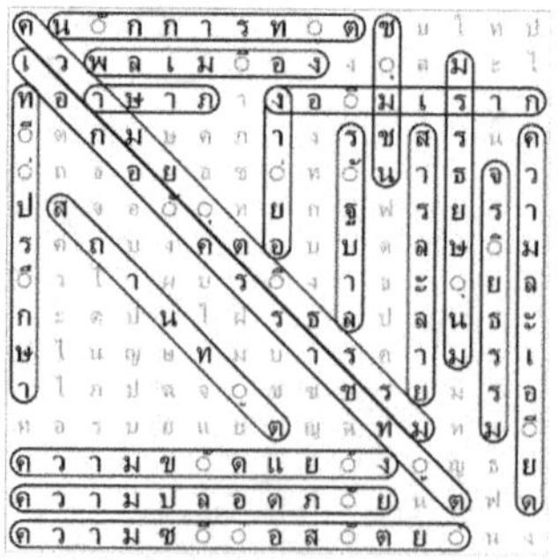

96 - Comida # 2

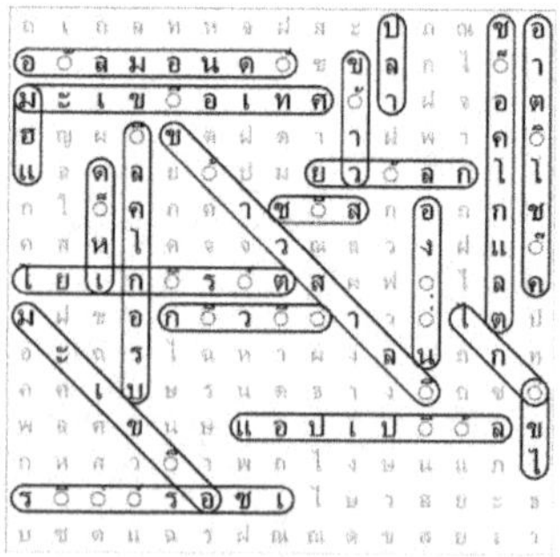

97 - Universo

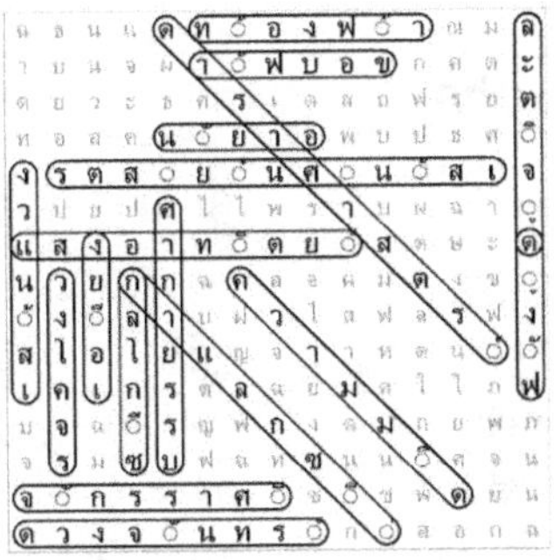

98 - Jazz

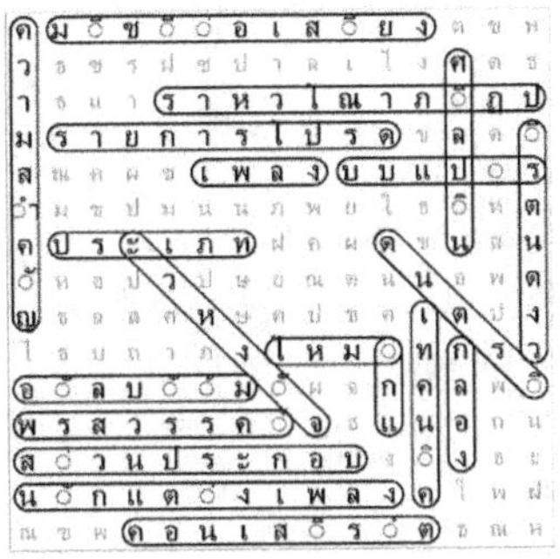

99 - Barcos

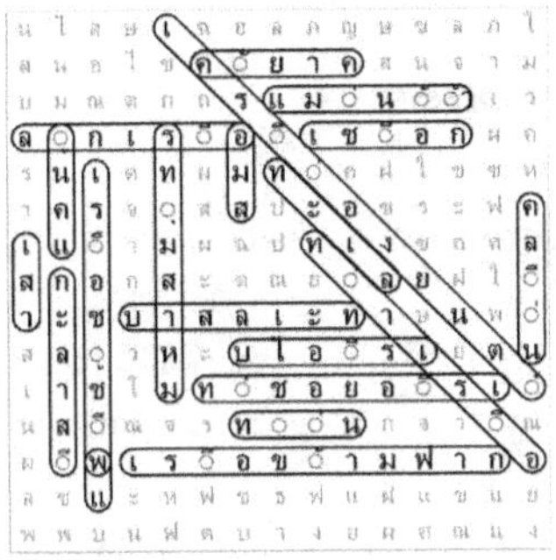

100 - Mamíferos

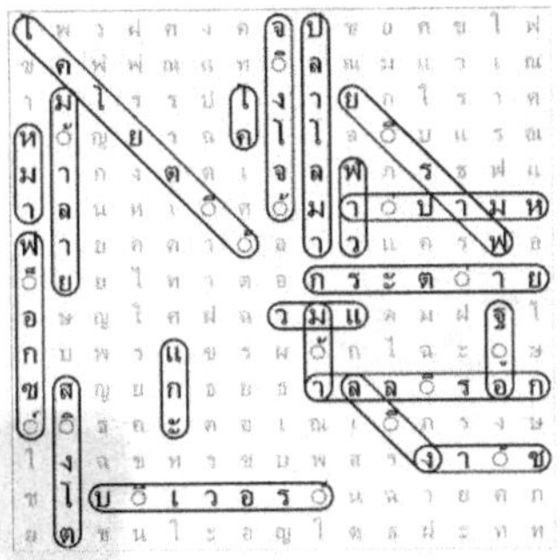

Dicionário

A Empresa
บริษัท

Apresentação	การนำเสนอ
Criativo	สร้างสรรค์
Decisão	การตัดสินใจ
Emprego	การจ้างงาน
Global	ทั่วโลก
Indústria	อุตสาหกรรม
Inovador	นวัตกรรม
Investimento	การลงทุน
Negócio	ธุรกิจ
Possibilidade	ความเป็นไปได้
Produto	ผลิตภัณฑ์
Profissional	มืออาชีพ
Progresso	ความคืบหน้า
Qualidade	คุณภาพ
Receita	รายได้
Recursos	ทรัพยากร
Reputação	ชื่อเสียง
Riscos	ความเสี่ยง
Unidades	หน่วย

A Mídia
สื่อมวลชน

Atitudes	ทัศนคติ
Comercial	โฆษณา
Comunicação	การสื่อสาร
Digital	ดิจิทัล
Edição	ฉบับ
Educação	การศึกษา
Fatos	ข้อเท็จจริง
Financiamento	ทุน
Fotos	ภาพถ่าย
Individual	รายบุคคล
Indústria	อุตสาหกรรม
Intelectual	สติปัญญา
Jornais	หนังสือพิมพ์
Local	ท้องถิ่น
Online	ออนไลน์
Opinião	ความเห็น
Público	สาธารณะ
Rádio	วิทยุ
Rede	เครือข่าย
Televisão	โทรทัศน์

Abelhas
ผึ้ง

Asas	ปีก
Benéfico	เป็นประโยชน์
Cera	ขี้ผึ้ง
Colmeia	รัง
Diversidade	ความหลากหลาย
Ecossistema	ระบบนิเวศ
Enxame	ฝูง
Flor	ดอก
Flores	ดอกไม้
Fruta	ผลไม้
Fumaça	ควัน
Habitat	ที่อยู่อาศัย
Inseto	แมลง
Jardim	สวน
Mel	น้ำผึ้ง
Plantas	พืช
Pólen	เรณู
Rainha	ควีน
Sol	ดวงอาทิตย์

Acampamento
ค่ายพักแรม

Animais	สัตว์
Aventura	การผจญภัย
Árvores	ต้นไม้
Bússola	เข็มทิศ
Cabine	ห้าง
Caça	ล่าสัตว์
Canoa	แคนู
Chapéu	หมวก
Corda	เชือก
Equipamento	อุปกรณ์
Floresta	ป่า
Fogo	ไฟ
Inseto	แมลง
Lago	ทะเลสาบ
Lua	ดวงจันทร์
Maca	เปลญวน
Mapa	แผนที่
Montanha	ภูเขา
Natureza	ธรรมชาติ
Tenda	เต็นท์

Adjetivos #1
คำคุณศัพท์ #1

Absoluto	แน่นอน
Ambicioso	ทะเยอทะยาน
Aromático	หอม
Artístico	ศิลปะ
Atraente	มีเสน่ห์
Enorme	ใหญ่
Escuro	มืด
Exótico	แปลกใหม่
Fino	บาง
Generoso	ใจกว้าง
Honesto	ซื่อสัตย์
Idêntico	เหมือนกัน
Importante	สำคัญ
Lento	ช้า
Misterioso	ลึกลับ
Moderno	ทันสมัย
Perfeito	สมบูรณ์
Pesado	หนัก
Sério	จริงจัง
Valioso	มีค่า

Adjetivos #2
คำคุณศัพท์ #2

Autêntico	แท้
Criativo	สร้างสรรค์
Descritivo	อธิบาย
Dotado	มีพรสวรรค์
Elegante	สง่า
Famoso	มีชื่อเสียง
Grosso	หนา
Interessante	น่าสนใจ
Natural	เป็นธรรมชาติ
Normal	ปกติ
Novo	ใหม่
Orgulhoso	ภูมิใจ
Produtivo	อุดมสมบูรณ์
Puro	บริสุทธิ์
Quente	ร้อน
Responsável	รับผิดชอบ
Salgado	เค็ม
Saudável	แข็งแรง
Seco	แห้ง
Selvagem	ป่า

Agronomia
ปฐพีวิทยา

Agricultura	เกษตรกรรม
Ambiente	สิ่งแวดล้อม
Água	น้ำ
Ciência	วิทยาศาสตร์
Doenças	โรค
Ecologia	นิเวศวิทยา
Energia	พลังงาน
Erosão	ร่อน
Fertilizante	ปุ๋ย
Legumes	ผัก
Orgânico	อินทรีย์
Pesquisa	วิจัย
Plantas	พืช
Poluição	มลพิษ
Produção	การผลิต
Rural	ชนบท
Sementes	เมล็ด
Sistemas	ระบบ
Solo	ดิน
Sustentável	ยั่งยืน

Antártica
ทวีปแอนตาร์กติกา

Ambiente	สิ่งแวดล้อม
Água	น้ำ
Baía	อ่าว
Científico	วิทยาศาสตร์
Conservação	การอนุรักษ์
Continente	ทวีป
Enseada	โคฟ
Expedição	การเดินทาง
Geleiras	กลาเซียร์
Gelo	น้ำแข็ง
Geografia	ภูมิศาสตร์
Ilhas	หมู่เกาะ
Investigador	นักวิจัย
Migração	การโยกย้าย
Minerais	แร่ธาตุ
Península	คาบสมุทร
Pinguins	เพนกวิน
Rochoso	ขรุขระ
Temperatura	อุณหภูมิ
Topografia	ภูมิประเทศ

Antiguidades
ของเก่า

Arte	ศิลปะ
Autêntico	แท้
Decorativo	ตกแต่ง
Décadas	ทศวรรษ
Elegante	สง่า
Escultura	ประติมากรรม
Estilo	รูปแบบ
Galeria	แกลเลอรี่
Incomum	ผิดปกติ
Investimento	การลงทุน
Item	รายการ
Leilão	ประมูล
Mobiliário	เฟอร์นิเจอร์
Moedas	เหรียญ
Preço	ราคา
Qualidade	คุณภาพ
Restauração	การฟื้นฟู
Século	ศตวรรษ
Valor	ค่า
Velho	แก่

Aquecimento Global
ภาวะโลกร้อน

Agora	ตอนนี้
Atenção	ความสนใจ
Ártico	อาร์กติก
Clima	ภูมิอากาศ
Consequências	ผลที่ตามมา
Crise	วิกฤติ
Dados	ข้อมูล
Desenvolvimento	การพัฒนา
Energia	พลังงาน
Futuro	อนาคต
Gás	แก๊ส
Gerações	รุ่น
Governo	รัฐบาล
Humanos	มนุษย์
Indústria	อุตสาหกรรม
Internacional	ระหว่างประเทศ
Legislação	กฎหมาย
Populações	ประชากร
Significativo	สำคัญ
Temperaturas	อุณหภูมิ

Arqueologia
โบราณคดี

Análise	การวิเคราะห์
Anos	ปี
Antiguidade	สมัยโบราณ
Avaliação	การประเมิน
Civilização	อารยธรรม
Descendente	ลูกหลาน
Desconhecido	ไม่ทราบ
Equipe	ทีม
Era	ยุค
Especialista	ผู้เชี่ยวชาญ
Esquecido	ลืม
Fóssil	ฟอสซิล
Investigador	นักวิจัย
Mistério	ความลึกลับ
Objetos	วัตถุ
Ossos	กระดูก
Professor	ศาสตราจารย์
Relíquia	ของที่ระลึก
Templo	วัด
Túmulo	หลุมฝังศพ

Arte
ศิลปะ

Cerâmica	เซรามิค
Complexo	ซับซ้อน
Composição	ส่วนประกอบ
Criar	สร้าง
Escultura	ประติมากรรม
Expressão	การแสดงออก
Honesto	ซื่อสัตย์
Humor	อารมณ์
Original	ต้นฉบับ
Pessoal	ส่วนตัว
Pinturas	ภาพวาด
Poesia	บทกวี
Retratar	วาดภาพ
Simples	ง่าย
Símbolo	สัญลักษณ์
Sujeito	เรื่อง
Surrealismo	สถิตยศาสตร์
Visual	ภาพ

Astronomia
ดาราศาสตร์

Astronauta	นักบินอวกาศ
Astrônomo	นักดาราศาสตร์
Céu	ท้องฟ้า
Cometa	ดาวหาง
Constelação	กลุ่มดาว
Eclipse	คราส
Equinócio	วิษุวัต
Foguete	จรวด
Galáxia	กาแลกซี่
Gravidade	แรงโน้มถ่วง
Lua	ดวงจันทร์
Meteoro	ดาวตก
Nebulosa	เนบิวลา
Observatório	หอดูดาว
Planeta	ดาวเคราะห์
Radiação	รังสี
Solar	แสงอาทิตย์
Supernova	ซูเปอร์โนวา
Terra	โลก
Universo	จักรวาล

Aventura
การผจญภัย

Alegria	จอย
Amigos	เพื่อน
Atividade	กิจกรรม
Beleza	ความงาม
Bravura	ความกล้าหาญ
Chance	โอกาส
Desafios	ความท้าทาย
Destino	ปลายทาง
Dificuldade	ความยาก
Excursão	ทัศนศึกษา
Incomum	ผิดปกติ
Natureza	ธรรมชาติ
Navegação	นำร่อง
Novo	ใหม่
Perigoso	อันตราย
Preparação	การตระเตรียม
Segurança	ความปลอดภัย
Surpreendente	น่าแปลกใจ
Viagens	การเดินทาง

Aviões
เครื่องบิน

Altitude	ระดับความสูง
Altura	ความสูง
Ar	อากาศ
Aterrissagem	ท่าเรือ
Atmosfera	บรรยากาศ
Aventura	การผจญภัย
Balão	ลูกโป่ง
Céu	ท้องฟ้า
Combustível	เชื้อเพลิง
Construção	การก่อสร้าง
Descida	การตกทอด
Direção	ทิศทาง
Hidrogênio	ไฮโดรเจน
História	ประวัติศาสตร์
Inflar	พอง
Motor	เครื่องยนต์
Passageiro	ผู้โดยสาร
Piloto	นักบิน
Tripulação	ลูกเรือ
Turbulência	ความปั่นป่วน

Álgebra
พีชคณิต

Diagrama	แผนภาพ
Equação	สมการ
Expoente	ตัวแทน
Falso	เท็จ
Fator	ปัจจัย
Fórmula	สูตร
Fração	เศษส่วน
Infinito	อนันต์
Linear	เชิงเส้น
Matriz	เมตริกซ์
Número	ตัวเลข
Parêntese	วงเล็บ
Problema	ปัญหา
Quantidade	ปริมาณ
Simplificar	ทำ
Solução	สารละลาย
Soma	รวม
Subtração	การลบ
Variável	ตัวแปร
Zero	ศูนย์

Balé
บัลเล่ต์

Aplauso	เสียงปรบมือ
Artístico	ศิลปะ
Compositor	นักแต่งเพลง
Dançarinos	นักเต้น
Ensaio	ซ้อม
Estilo	รูปแบบ
Expressivo	แสดงออก
Gesto	ท่าทาง
Gracioso	สง่างาม
Habilidade	ทักษะ
Intensidade	ความเข้มข้น
Músculos	กล้ามเนื้อ
Música	ดนตรี
Orquestra	วงดนตรี
Público	ผู้ชม
Ritmo	จังหวะ
Solo	เดี่ยว
Técnica	เทคนิค

Barcos
เรือ

Âncora	สมอ
Balsa	เรือข้ามฟาก
Bote	เรือชูชีพ
Bóia	ทุ่น
Caiaque	คายัค
Canoa	แคนู
Corda	เชือก
Doca	ท่าเรือ
Iate	เรือยอชท์
Jangada	แพ
Lago	ทะเลสาบ
Mar	ทะเล
Marinheiro	กะลาสี
Mastro	เสา
Motor	เครื่องยนต์
Oceano	มหาสมุทร
Ondas	คลื่น
Rio	แม่น้ำ
Tripulação	ลูกเรือ
Veleiro	เรือใบ

Beleza
ความงาม

Batom	ลิปสติก
Cachos	หยิก
Charme	เสน่ห์
Cor	สี
Cosméticos	เครื่องสำอาง
Elegante	สง่า
Elegância	ความงดงาม
Espelho	กระจก
Estilista	สไตลิสต์
Fotogênico	ถ่ายรูป
Fragrância	กลิ่นหอม
Graça	เกรซ
Maquiagem	แต่งหน้า
Óleos	น้ำมัน
Pele	ผิว
Produtos	ผลิตภัณฑ์
Rímel	มาสคาร่า
Serviços	บริการ
Tesoura	กรรไกร
Xampu	แชมพู

Biologia
ชีววิทยา

Bactérias	แบคทีเรีย
Célula	เซลล์
Colagénio	คอลลาเจน
Cromossoma	โครโมโซม
Embrião	เอ็มบริโอ
Enzima	เอนไซม์
Evolução	วิวัฒนาการ
Hibernação	ไฮเบอร์เนต
Hormona	ฮอร์โมน
Mutação	การกลายพันธุ์
Natural	เป็นธรรมชาติ
Nervo	เส้นประสาท
Neurônio	เซลล์ประสาท
Núcleo	นิวเคลียส
Osmose	ออสโมซิส
Plantas	พืช
Proteína	โปรตีน
Respiração	การหายใจ
Simbiose	ซิมไบโอซิส
Sinapse	ไซแนปส์

Café
กาแฟ

Açúcar	น้ำตาล
Amargo	ขม
Aroma	กลิ่นหอม
Água	น้ำ
Bebida	เครื่องดื่ม
Cafeína	คาเฟอีน
Copa	ถ้วย
Creme	ครีม
Filtro	กรอง
Leite	นม
Líquido	ของเหลว
Manhã	เช้า
Moer	บด
Origem	ที่มา
Preço	ราคา
Preto	สีดำ
Sabor	รสชาติ
Variedade	ความหลากหลาย

Caminhada
เดินป่า

Animais	สัตว์
Água	น้ำ
Botas	รองเท้าบูท
Cansado	เหนื่อย
Clima	ภูมิอากาศ
Guias	คำแนะนำ
Mapa	แผนที่
Montanha	ภูเขา
Mosquitos	ยุง
Natureza	ธรรมชาติ
Orientação	ปฐมนิเทศ
Pedras	หิน
Penhasco	หน้าผา
Perigos	อันตราย
Pesado	หนัก
Preparação	การตระเตรียม
Selvagem	ป่า
Sol	ดวงอาทิตย์
Tempo	สภาพอากาศ

Casa
บ้าน

Biblioteca	ห้องสมุด
Cerca	รั้ว
Chaves	คีย์
Chuveiro	อาบน้ำ
Cortinas	ผ้าม่าน
Cozinha	ครัว
Espelho	กระจก
Garagem	โรงรถ
Janela	หน้าต่าง
Jardim	สวน
Lareira	เตาผิง
Mobiliário	เฟอร์นิเจอร์
Parede	ผนัง
Porta	ประตู
Quarto	ห้อง
Sótão	ห้องใต้หลังคา
Tapete	พรม
Teto	เพดาน
Torneira	ก๊อก
Vassoura	ไม้กวาด

Chocolate
ช็อกโกแลต

Açúcar	น้ำตาล
Amargo	ขม
Amendoins	ถั่ว
Aroma	กลิ่นหอม
Artesanal	ช่างฝีมือ
Cacau	โกโก้
Calorias	แคลอรี่
Caramelo	คาราเมล
Coco	มะพร้าว
Comer	กิน
Delicioso	อร่อย
Doce	หวาน
Exótico	แปลกใหม่
Favorito	ที่ชื่นชอบ
Gosto	รส
Ingrediente	ส่วนผสม
Pó	ผง
Qualidade	คุณภาพ
Receita	สูตรอาหาร
Sabor	รสชาติ

Churrascos
บาร์บีคิว

Almoço	อาหารกลางวัน
Cebolas	หัวหอม
Convite	การเชื้อเชิญ
Facas	มีด
Família	ครอบครัว
Fome	ความหิว
Frango	ไก่
Fruta	ผลไม้
Grelha	ย่าง
Jantar	อาหารเย็น
Jogos	เกม
Legumes	ผัก
Molho	ซอส
Música	ดนตรี
Pimenta	พริกไทย
Quente	ร้อน
Sal	เกลือ
Saladas	สลัด
Tomates	มะเขือเทศ
Verão	ฤดูร้อน

Cidade
เมือง

Aeroporto	สนามบิน
Banco	ธนาคาร
Biblioteca	ห้องสมุด
Cinema	โรงภาพยนตร์
Clínica	คลินิก
Escola	โรงเรียน
Estádio	สนามกีฬา
Farmácia	ร้านขายยา
Florista	ดอกไม้ดี
Galeria	แกลเลอรี่
Hotel	โรงแรม
Jardim Zoológico	สวนสัตว์
Livraria	ร้านหนังสือ
Loja	ร้าน
Mercado	ตลาด
Museu	พิพิธภัณฑ์
Padaria	เบเกอรี่
Restaurante	ร้านอาหาร
Teatro	โรงละคร
Universidade	มหาวิทยาลัย

Ciência
วิทยาศาสตร์

Átomo	อะตอม
Clima	ภูมิอากาศ
Dados	ข้อมูล
Evolução	วิวัฒนาการ
Experiência	การทดลอง
Fato	ข้อเท็จจริง
Física	ฟิสิกส์
Fóssil	ฟอสซิล
Gravidade	แรงโน้มถ่วง
Hipótese	สมมติฐาน
Método	วิธี
Minerais	แร่ธาตุ
Moléculas	โมเลกุล
Natureza	ธรรมชาติ
Observação	การสังเกต
Organismo	สิ่งมีชีวิต
Partículas	อนุภาค
Plantas	พืช
Químico	เคมี

Clima
สภาพอากาศ

Arco-Íris	สายรุ้ง
Atmosfera	บรรยากาศ
Brisa	บรีซ
Céu	ท้องฟ้า
Clima	สภาพอากาศ
Furacão	พายุเฮอริเคน
Gelo	น้ำแข็ง
Monção	มรสุม
Nevoeiro	หมอก
Nuvem	คลาวด์
Polar	โพลาร์
Relâmpago	ฟ้าผ่า
Seca	แล้ง
Seco	แห้ง
Temperatura	อุณหภูมิ
Tempestade	พายุ
Tornado	พายุทอร์นาโด
Tropical	เขตร้อน
Trovão	ฟ้าร้อง
Vento	ลม

Comida # 2
อาหาร #2

Alcachofra	อาติโช๊ค
Amêndoa	อัลมอนด์
Arroz	ข้าว
Banana	กล้วย
Beringela	มะเขือ
Brócolis	บรอกโคลี
Cereja	เชอร์รี่
Chocolate	ช็อคโกแลต
Cogumelo	เห็ด
Frango	ไก่
Iogurte	โยเกิร์ต
Kiwi	กีวี่
Maçã	แอปเปิ้ล
Ovo	ไข่
Peixe	ปลา
Presunto	แฮม
Queijo	ชีส
Tomate	มะเขือเทศ
Trigo	ข้าวสาลี
Uva	องุ่น

Comida #1
อาหาร #1

Açúcar	น้ำตาล
Alho	กระเทียม
Amendoim	ถั่วลิสง
Atum	ทูน่า
Bolo	เค้ก
Canela	อบเชย
Cebola	หัวหอม
Cenoura	แครอท
Cevada	บาร์เลย์
Damasco	แอปริคอท
Espinafre	ผักโขม
Leite	นม
Limão	มะนาว
Manjericão	โหระพา
Nabo	หัวผักกาด
Pepino	แตงกวา
Sal	เกลือ
Salada	สลัด
Sopa	ซุป
Suco	น้ำผลไม้

Corpo Humano
ร่างกายมนุษย์

Boca	ปาก
Cabeça	หัว
Cérebro	สมอง
Coração	หัวใจ
Cotovelo	ข้อศอก
Dedo	นิ้ว
Joelho	เข่า
Mandíbula	ขากรรไกร
Mão	มือ
Nariz	จมูก
Olho	ตา
Ombro	ไหล่
Orelha	หู
Pele	ผิว
Perna	ขา
Pescoço	คอ
Queixo	คาง
Sangue	เลือด
Testa	หน้าผาก
Tornozelo	ข้อเท้า

Cozinha
ห้องครัว

Avental	ผ้ากันเปื้อน
Chaleira	กาต้มน้ำ
Colheres	ช้อน
Comer	กิน
Concha	ทัพพี
Cups	ถ้วย
Especiarias	เครื่องเทศ
Esponja	ฟองน้ำ
Facas	มีด
Forno	เตาอบ
Garfos	ส้อม
Geladeira	ตู้เย็น
Grelha	ย่าง
Guardanapo	ผ้าเช็ดปาก
Jarro	เหยือก
Pauzinhos	ตะเกียบ
Receita	สูตรอาหาร
Tigela	ชาม

Criatividade
ความคิดสร้างสรรค์

Artístico	ศิลปะ
Autenticidade	แท้
Clareza	ความชัดเจน
Dramático	ดราม่า
Emoções	อารมณ์
Espontânea	โดยธรรมชาติ
Expressão	การแสดงออก
Fluidez	ไหล
Habilidade	ทักษะ
Imagem	ภาพ
Imaginação	จินตนาการ
Impressão	ความประทับใจ
Inspiração	แรงบันดาลใจ
Intensidade	ความเข้มข้น
Intuição	ปรีชา
Inventivo	ประดิษฐ์
Sentimentos	ความรู้สึก
Visões	นิมิต
Vitalidade	พลัง

Dias e Meses
วันและเดือน

Abril	เมษายน
Agosto	สิงหาคม
Ano	ปี
Calendário	ปฏิทิน
Dezembro	ธันวาคม
Domingo	วันอาทิตย์
Fevereiro	กุมภาพันธ์
Janeiro	มกราคม
Julho	กรกฎาคม
Junho	มิถุนายน
Mês	เดือน
Novembro	พฤศจิกายน
Outubro	ตุลาคม
Quinta-Feira	วันพฤหัสบดี
Sábado	วันเสาร์
Segunda-Feira	วันจันทร์
Semana	สัปดาห์
Setembro	กันยายน
Sexta-Feira	วันศุกร์
Terça	วันอังคาร

Diplomacia
การทูต

Cidadãos	พลเมือง
Comunidade	ชุมชน
Conflito	ความขัดแย้ง
Consultor	ที่ปรึกษา
Cooperação	ความร่วมมือ
Diplomático	นักการทูต
Discussão	อย่าง
Embaixada	สถานทูต
Embaixador	เอกอัครราชทูต
Ética	จริยธรรม
Governo	รัฐบาล
Humanitário	มนุษยธรรม
Integridade	ความซื่อสัตย์
Justiça	ความยุติธรรม
Línguas	ภาษา
Política	การเมือง
Resolução	ความละเอียด
Segurança	ความปลอดภัย
Solução	สารละลาย
Tratado	สนธิสัญญา

Dirigindo
การขับรถ

Acidente	อุบัติเหตุ
Caminhão	รถบรรทุก
Carro	รถ
Combustível	เชื้อเพลิง
Estrada	ถนน
Freios	เบรค
Garagem	โรงรถ
Gás	แก๊ส
Licença	ใบอนุญาต
Mapa	แผนที่
Motocicleta	รถจักรยานยนต์
Motor	เครื่องยนต์
Pedestre	คนเดินเท้า
Perigo	อันตราย
Polícia	ตำรวจ
Segurança	ความปลอดภัย
Seguro	ประกันภัย
Transporte	การขนส่ง
Tráfego	การจราจร
Túnel	อุโมงค์

Disciplinas Científicas
สาขาวิชาวิทยาศาสตร์

Arqueologia	โบราณคดี
Astronomia	ดาราศาสตร์
Biologia	ชีววิทยา
Bioquímica	ชีวเคมี
Botânica	พฤกษศาสตร์
Cinesiologia	คิทนีวิทยา
Ecologia	นิเวศวิทยา
Fisiologia	สรีรวิทยา
Geologia	ธรณีวิทยา
Linguística	ภาษาศาสตร์
Mecânica	กลศาสตร์
Meteorologia	อุตุนิยมวิทยา
Mineralogia	แร่วิทยา
Neurologia	ประสาทวิทยา
Nutrição	โภชนาการ
Psicologia	จิตวิทยา
Química	เคมี
Sociologia	สังคมวิทยา
Termodinâmica	อุณหพลศาสตร์
Zoologia	สัตววิทยา

Doença
โรค

Abdominal	ท้อง
Alergias	ภูมิแพ้
Contagioso	โรคติดต่อ
Coração	หัวใจ
Corpo	ร่างกาย
Crônica	เรื้อรัง
Fraco	อ่อนแอ
Genético	ทางพันธุกรรม
Hereditário	กรรมพันธุ์
Imunidade	ภูมิคุ้มกัน
Inflamação	การอักเสบ
Lombar	ลุมบาร์
Neuropatia	โรคประสาท
Ossos	กระดูก
Patógenos	เชื้อโรค
Pulmonar	เกี่ยวกับปอด
Respiratório	หายใจ
Saúde	สุขภาพ
Síndrome	ซินโดรม
Terapia	การบำบัด

Ecologia
นิเวศวิทยา

Clima	ภูมิอากาศ
Comunidades	ชุมชน
Diversidade	ความหลากหลาย
Espécies	สายพันธุ์
Fauna	สัตว์ป่า
Flora	ฟลอรา
Global	ทั่วโลก
Habitat	ที่อยู่อาศัย
Marinho	ทะเล
Montanhas	ภูเขา
Natural	เป็นธรรมชาติ
Natureza	ธรรมชาติ
Pântano	บึง
Recursos	ทรัพยากร
Seca	แล้ง
Sobrevivência	การอยู่รอด
Sustentável	ยั่งยืน
Vegetação	พืช
Voluntários	อาสาสมัคร

Edifícios
สิ่งปลูกสร้าง

Apartamento	อพาร์ทเม้น
Cabine	ห้าง
Castelo	ปราสาท
Catedral	มหาวิหาร
Celeiro	โรงนา
Cinema	โรงภาพยนตร์
Embaixada	สถานทูต
Escola	โรงเรียน
Estádio	สนามกีฬา
Fazenda	ฟาร์ม
Fábrica	โรงงาน
Garagem	โรงรถ
Hospital	โรงพยาบาล
Hotel	โรงแรม
Museu	พิพิธภัณฑ์
Observatório	หอดูดาว
Teatro	โรงละคร
Tenda	เต็นท์
Torre	หอคอย
Universidade	มหาวิทยาลัย

Energia
พลังงาน

Ambiente	สิ่งแวดล้อม
Bateria	แบตเตอรี่
Calor	ความร้อน
Carbono	คาร์บอน
Combustível	เชื้อเพลิง
Diesel	ดีเซล
Elétrico	ไฟฟ้า
Elétron	อิเล็กตรอน
Entropia	เอนโทรปี
Fóton	โฟตอน
Gasolina	น้ำมันเบนซิน
Hidrogênio	ไฮโดรเจน
Indústria	อุตสาหกรรม
Motor	เครื่องยนต์
Nuclear	นิวเคลียร์
Poluição	มลพิษ
Renovável	ทดแทน
Sol	ดวงอาทิตย์
Turbina	กังหัน
Vento	ลม

Engenharia
วิศวกรรม

Alavancas	คันโยก
Atrito	แรงเสียดทาน
Ângulo	มุม
Cálculo	การคำนวณ
Construção	การก่อสร้าง
Diagrama	แผนภาพ
Diesel	ดีเซล
Dimensões	มิติ
Distribuição	การกระจาย
Eixo	แกน
Energia	พลังงาน
Estabilidade	ความมั่นคง
Estrutura	โครงสร้าง
Força	แรง
Líquido	ของเหลว
Máquina	เครื่องจักร
Medição	การวัด
Motor	เครื่องยนต์
Profundidade	ความลึก
Propulsão	แรงขับ

Especiarias
เครื่องเทศ

Açafrão	หญ้าฝรั่น
Alcaçuz	ชะเอมเทศ
Alho	กระเทียม
Amargo	ขม
Anis	โป๊ยกั๊ก
Azedo	เปรี้ยว
Baunilha	วนิลา
Canela	อบเชย
Cardamomo	กระวาน
Caril	แกง
Cebola	หัวหอม
Coentro	ผักชี
Cominho	ผงยี่หร่า
Doce	หวาน
Funcho	เม็ดยี่หร่า
Gengibre	ขิง
Noz-Moscada	นัทเม็ก
Pimenta	พริกไทย
Sabor	รสชาติ
Sal	เกลือ

Família
ครอบครัว

Antepassado	บรรพบุรุษ
Avó	ยาย
Avô	ปู่
Criança	เด็ก
Esposa	ภรรยา
Filha	ลูกสาว
Gêmeos	ฝาแฝด
Infância	วัยเด็ก
Irmã	น้องสาว
Irmão	น้องชาย
Marido	สามี
Materno	มารดา
Mãe	แม่
Neto	หลาน
Pai	พ่อ
Primo	ลูกพี่ลูกน้อง
Sobrinha	หลานสาว
Sobrinho	หลานชาย
Tia	ป้า
Tio	ลุง

Fazenda #1
ฟาร์ม #1

Abelha	ผึ้ง
Agricultura	เกษตรกรรม
Arroz	ข้าว
Água	น้ำ
Bezerro	น่อง
Burro	ลา
Cabra	แพะ
Campo	สนาม
Cavalo	ม้า
Cão	หมา
Cerca	รั้ว
Corvo	อีกา
Feno	ฟาง
Fertilizante	ปุ๋ย
Frango	ไก่
Gato	แมว
Mel	น้ำผึ้ง
Porco	หมู
Rebanho	ฝูง
Vaca	วัว

Fazenda #2
ฟาร์ม #2

Agricultor	ชาวนา
Animais	สัตว์
Celeiro	โรงนา
Cevada	บาร์เล่ย์
Colmeia	รังผึ้ง
Cordeiro	ลูกแกะ
Fruta	ผลไม้
Irrigação	ชลประทาน
Leite	นม
Lhama	ลามา
Maduro	สุก
Milho	ข้าวโพด
Ovelha	แกะ
Pastor	คนเลี้ยงแกะ
Pato	เป็ด
Pomar	สวนผลไม้
Prado	ทุ่งหญ้า
Trator	รถแทรกเตอร์
Trigo	ข้าวสาลี
Vegetal	ผัก

Férias #2
วันหยุด #2

Aeroporto	สนามบิน
Destino	ปลายทาง
Estrangeiro	ชาวต่างชาติ
Feriado	วันหยุด
Fotos	ภาพถ่าย
Hotel	โรงแรม
Ilha	เกาะ
Lazer	เวลาว่าง
Mapa	แผนที่
Mar	ทะเล
Montanhas	ภูเขา
Praia	ชายหาด
Reservas	จอง
Restaurante	ร้านอาหาร
Táxi	แท็กซี่
Tenda	เต็นท์
Transporte	การขนส่ง
Viagem	การเดินทาง
Visto	วีซ่า

Ficção Científica
นิยายวิทยาศาสตร์

Atómico	อะตอม
Cinema	โรงภาพยนตร์
Distante	ไกล
Distopia	ดิสโทเปีย
Explosão	การระเบิด
Extremo	สุดขีด
Fantástico	มหัศจรรย์
Fogo	ไฟ
Futurista	อนาคต
Galáxia	กาแลกซี่
Ilusão	ภาพลวงตา
Imaginário	เพ้อฝัน
Livros	หนังสือ
Misterioso	ลึกลับ
Mundo	โลก
Oráculo	สิทธิ์
Planeta	ดาวเคราะห์
Robôs	หุ่นยนต์
Tecnologia	เทคโนโลยี
Utopia	ยูโทเปีย

Filantropia
การกุศล

Caridade	การกุศล
Comunidade	ชุมชน
Contatos	ติดต่อ
Desafios	ความท้าทาย
Doar	บริจาค
Finança	การเงิน
Fundos	กองทุน
Generosidade	ความเอื้ออาทร
Global	ทั่วโลก
Grupos	กลุ่ม
História	ประวัติศาสตร์
Honestidade	ความซื่อสัตย์
Humanidade	มนุษยชาติ
Juventude	เยาวชน
Missão	ภารกิจ
Necessidade	ต้องการ
Objetivos	เป้าหมาย
Pessoas	ผู้คน
Programas	โปรแกรม
Público	สาธารณะ

Física
ฟิสิกส์

Átomo	อะตอม
Caos	ความวุ่นวาย
Densidade	ความหนาแน่น
Elétron	อิเล็กตรอน
Expansão	การขยายตัว
Fórmula	สูตร
Frequência	ความถี่
Gás	แก๊ส
Gravidade	แรงโน้มถ่วง
Magnetismo	แม่เหล็ก
Massa	มวล
Mecânica	กลศาสตร์
Molécula	โมเลกุล
Motor	เครื่องยนต์
Nuclear	นิวเคลียร์
Partícula	อนุภาค
Químico	เคมี
Relatividade	สัมพัทธภาพ
Universal	สากล
Velocidade	ความเร็ว

Flores
ดอกไม้

Buquê	ช่อดอกไม้
Calêndula	ดาวเรือง
Dente-De-Leão	แดนดิไลออน
Gardênia	พุด
Girassol	ดอกทานตะวัน
Hibisco	ชบา
Jasmim	มะลิ
Lavanda	ลาเวนเดอร์
Lilás	ม่วง
Lírio	ลิลลี่
Magnólia	แมกโนเลีย
Margarida	เดซี่
Orquídea	กล้วยไม้
Papoula	ป๊อปปี้
Peônia	โบตั๋น
Pétala	กลีบ
Rosa	กุหลาบ
Trevo	โคลเวอร์
Tulipa	ทิวลิป

Força e Gravidade
แรงและแรงโน้มถ่วง

Atrito	แรงเสียดทาน
Centro	ศูนย์กลาง
Descoberta	การค้นพบ
Dinâmico	พลวัต
Distância	ระยะทาง
Eixo	แกน
Expansão	การขยายตัว
Física	ฟิสิกส์
Impacto	ผลกระทบ
Magnetismo	แม่เหล็ก
Mecânica	กลศาสตร์
Movimento	การเคลื่อนไหว
Órbita	วงโคจร
Peso	น้ำหนัก
Pressão	ความดัน
Propriedades	คุณสมบัติ
Rapidez	ความเร็ว
Tempo	เวลา
Universal	สากล

Frutas
ผลไม้

Abacate	อาโวคาโด
Abacaxi	สัปปะรด
Amora	แบล็กเบอร์รี่
Baga	เบอร์รี่
Banana	กล้วย
Cereja	เชอร์รี่
Coco	มะพร้าว
Damasco	แอปริคอท
Figo	มะเดื่อ
Framboesa	ราสเบอร์รี่
Kiwi	กีวี่
Laranja	ส้ม
Limão	มะนาว
Maçã	แอปเปิ้ล
Mamão	มะละกอ
Manga	มะม่วง
Nectarina	เนคทารีน
Pera	ลูกแพร์
Pêssego	พีช
Uva	องุ่น

Geografia
ภูมิศาสตร์

Altitude	ระดับความสูง
Atlas	แอตลาส
Cidade	เมือง
Continente	ทวีป
Hemisfério	ซีกโลก
Ilha	เกาะ
Latitude	ละติจูด
Mapa	แผนที่
Mar	ทะเล
Meridiano	เมอริเดียน
Montanha	ภูเขา
Mundo	โลก
Norte	ทิศเหนือ
Oceano	มหาสมุทร
Oeste	ตะวันตก
País	ประเทศ
Região	ภาค
Rio	แม่น้ำ
Sul	ใต้
Território	อาณาเขต

Geologia
ธรณีวิทยา

Ácido	กรด
Camada	ชั้น
Caverna	ถ้ำ
Cálcio	แคลเซียม
Continente	ทวีป
Coral	ปะการัง
Cristais	คริสตัล
Erosão	ร่อน
Estalactite	หินย้อย
Estalagmites	หินงอก
Fóssil	ฟอสซิล
Lava	ลาวา
Minerais	แร่ธาตุ
Pedra	หิน
Platô	ที่ราบสูง
Quartzo	ควอทซ์
Sal	เกลือ
Terremoto	แผ่นดินไหว
Vulcão	ภูเขาไฟ
Zona	โซน

Geometria
รูปทรงเรขาคณิต

Altura	ความสูง
Ângulo	มุม
Cálculo	การคำนวณ
Círculo	วงกลม
Curva	เส้นโค้ง
Dimensão	มิติ
Equação	สมการ
Horizontal	แนวนอน
Lógica	ตรรกะ
Massa	มวล
Mediana	มัธยฐาน
Número	ตัวเลข
Paralelo	ขนาน
Proporção	สัดส่วน
Segmento	ส่วน
Simetria	สมมาตร
Superfície	พื้นผิว
Teoria	ทฤษฎี
Triângulo	สามเหลี่ยม
Vertical	แนวตั้ง

Governo
รัฐบาล

Civil	พลเรือน
Constituição	รัฐธรรมนูญ
Democracia	ประชาธิปไตย
Discurso	คำพูด
Discussão	อย่าง
Distrito	เขต
Estado	รัฐ
Igualdade	ความเสมอภาค
Independência	อิสระ
Judicial	ตุลาการ
Justiça	ความยุติธรรม
Lei	กฎหมาย
Liberdade	เสรีภาพ
Líder	หัวหน้า
Monumento	อนุสาวรีย์
Nacional	ระดับชาติ
Nação	ประเทศ
Pacífico	สงบ
Política	การเมือง
Símbolo	สัญลักษณ์

Herbalismo
ยาสมุนไพร

Açafrão	หญ้าฝรั่น
Alecrim	โรสแมรี่
Alho	กระเทียม
Aromático	หอม
Benéfico	เป็นประโยชน์
Coentro	ผักชี
Estragão	ทาร์รากอน
Flor	ดอกไม้
Funcho	เม็ดยี่หร่า
Ingrediente	ส่วนผสม
Jardim	สวน
Lavanda	ลาเวนเดอร์
Manjericão	โหระพา
Manjerona	มาร์โจแรม
Planta	ปลูก
Qualidade	คุณภาพ
Sabor	รสชาติ
Salsa	ผักชีฝรั่ง
Tomilho	ไธม์
Verde	เขียว

Insetos
แมลง

Abelha	ผึ้ง
Barata	แมลงสาบ
Besouro	ด้วง
Borboleta	ผีเสื้อ
Cigarra	จักจั่น
Cupim	ปลวก
Formiga	มด
Gafanhoto	ตั๊กแตน
Joaninha	เต่าทอง
Larva	ตัวอ่อน
Libélula	แมลงปอ
Louva-A-Deus	กงแตนแตน
Mariposa	มอด
Minhoca	หนอน
Mosquito	ยุง
Pulga	เห็บ
Pulgão	เพลี้ย
Vespa	ต่อ

Instrumentos Musicais
เครื่องดนตรี

Bandolim	แมนโดลิน
Banjo	แบนโจ
Baquetas	ไม้ตีกลอง
Clarinete	คลาริเน็ต
Fagote	ปี่บาสซูน
Flauta	ขลุ่ย
Gaita	ฮาร์โมนิก้า
Gongo	ฆ้อง
Harpa	ฮาร์ป
Marimba	มาริมบา
Oboé	โอโบ
Pandeiro	แทมบูริน
Piano	เปียโน
Saxofone	แซกโซโฟน
Tambor	กลอง
Trombone	ทรอมโบน
Trompete	แตร
Violão	กีตาร์
Violino	ไวโอลิน
Violoncelo	เชลโล

Jardim
สวนหย่อม

Ancinho	คราด
Arbusto	บุช
Árvore	ต้นไม้
Banco	ม้านั่ง
Cerca	รั้ว
Ervas Daninhas	วัชพืช
Flor	ดอกไม้
Garagem	โรงรถ
Grama	หญ้า
Gramado	สนามหญ้า
Jardim	สวน
Lagoa	บ่อน้ำ
Maca	เปลญวน
Mangueira	ท่อ
Pá	พลั่ว
Pomar	สวนผลไม้
Solo	ดิน
Terraço	ชานบ้าน
Trampolim	แทรมโพลีน
Varanda	ระเบียง

Jardinagem
งานทำสวน

Água	น้ำ
Botânico	พฤกษศาสตร์
Buquê	ช่อดอกไม้
Clima	ภูมิอากาศ
Comestível	กินได้
Composto	ปุ๋ยหมัก
Espécies	สายพันธุ์
Exótico	แปลกใหม่
Flor	ดอก
Floral	ดอกไม้
Folhagem	ใบไม้
Mangueira	ท่อ
Pomar	สวนผลไม้
Recipiente	ภาชนะ
Sazonal	ตามฤดูกาล
Sementes	เมล็ด
Sujeira	ดิน
Umidade	ความชื้น

Jazz
แจ๊ส

Artista	ศิลปิน
Álbum	อัลบั้ม
Bateria	กลอง
Canção	เพลง
Composição	ส่วนประกอบ
Compositor	นักแต่งเพลง
Concerto	คอนเสิร์ต
Estilo	รูปแบบ
Ênfase	ความสำคัญ
Famoso	มีชื่อเสียง
Favoritos	รายการโปรด
Gênero	ประเภท
Improvisação	ปฏิภาณโวหาร
Música	ดนตรี
Novo	ใหม่
Orquestra	วงดนตรี
Ritmo	จังหวะ
Talento	พรสวรรค์
Técnica	เทคนิค
Velho	แก่

Literatura
วรรณกรรม

Analogia	อะนาล็อก
Análise	การวิเคราะห์
Autor	ผู้เขียน
Biografia	ชีวประวัติ
Conclusão	บทสรุป
Descrição	ลักษณะ
Diálogo	บทพูด
Estilo	รูปแบบ
Gênero	ประเภท
Metáfora	คำอุปมา
Narrador	ผู้บรรยาย
Narrativa	เรื่องเล่า
Opinião	ความเห็น
Poema	กลอน
Poético	บทกวี
Rima	สัมผัส
Ritmo	จังหวะ
Romance	นิยาย
Tema	ธีม
Tragédia	โศกนาฏกรรม

Livros
หนังสือ

Autor	ผู้เขียน
Aventura	การผจญภัย
Coleção	ชุด
Contexto	บริบท
Dualidade	ความเป็นคู่
Escrito	เขียน
Épico	มหากาพย์
História	เรื่องราว
Histórico	ประวัติศาสตร์
Inventivo	ประดิษฐ์
Leitor	ผู้อ่าน
Literário	วรรณกรรม
Narrador	ผู้บรรยาย
Página	หน้า
Personagem	อักขระ
Poema	กลอน
Poesia	บทกวี
Relevante	ที่เกี่ยวข้อง
Romance	นิยาย
Trágico	อนาถ

Mamíferos
สัตว์เลี้ยงลูกด้วยนม

Baleia	วาฬ
Camelo	อูฐ
Canguru	จิงโจ้
Castor	บีเวอร์
Cavalo	ม้า
Cão	หมา
Coelho	กระต่าย
Coiote	โคโยตี้
Elefante	ช้าง
Gato	แมว
Girafa	ยีราฟ
Golfinho	ปลาโลมา
Gorila	กอริลลา
Leão	สิงโต
Lobo	หมาป่า
Macaco	ลิง
Ovelha	แกะ
Raposa	ฟ็อกซ์
Touro	โค
Zebra	ม้าลาย

Matemática
คณิตศาสตร์

Aritmética	เลขคณิต
Ângulos	มุม
Circunferência	เส้นรอบวง
Decimal	ทศนิยม
Divisão	แผนก
Equação	สมการ
Expoente	ตัวแทน
Fração	เศษส่วน
Geometria	เรขาคณิต
Graus	องศา
Números	หมายเลข
Paralelo	ขนาน
Perímetro	ขอบ
Perpendicular	ตั้งฉาก
Raio	รัศมี
Simetria	สมมาตร
Soma	รวม
Triângulo	สามเหลี่ยม
Volume	ระดับเสียง

Material de Arte
อุปกรณ์ศิลปะ

Acrílico	อะคริลิค
Apagador	ยางลบ
Aquarelas	สีน้ำ
Argila	เคลย์
Água	น้ำ
Cadeira	เก้าอี้
Carvão	ถ่าน
Cavalete	ขาตั้ง
Câmera	กล้อง
Cola	กาว
Cores	สี
Escovas	แปรง
Lápis	ดินสอ
Mesa	โต๊ะ
Óleo	น้ำมัน
Papel	กระดาษ
Pastels	พาส
Tinta	หมึก

Medições
การวัด

Altura	ความสูง
Byte	ไบต์
Centímetro	เซนติเมตร
Comprimento	ความยาว
Decimal	ทศนิยม
Grama	กรัม
Grau	องศา
Largura	ความกว้าง
Litro	ลิตร
Massa	มวล
Metro	เมตร
Minuto	นาที
Onça	ออนซ์
Peso	น้ำหนัก
Polegada	นิ้ว
Profundidade	ความลึก
Quilograma	กิโลกรัม
Quilômetro	กิโลเมตร
Tonelada	ตัน
Volume	ระดับเสียง

Meditação
การทำสมาธิ

Aceitação	การยอมรับ
Acordado	ตื่น
Atenção	ความสนใจ
Bondade	ความเมตตา
Clareza	ความชัดเจน
Emoções	อารมณ์
Ensinamentos	คำสอน
Gratidão	ความกตัญญู
Hábitos	นิสัย
Mental	จิต
Mente	ใจ
Movimento	การเคลื่อนไหว
Música	ดนตรี
Natureza	ธรรมชาติ
Observação	การสังเกต
Paz	สันติภาพ
Pensamentos	ความคิด
Perspectiva	มุมมอง
Postura	ท่าทาง
Silêncio	ความเงียบ

Mitologia
ตำนานเทพนิยาย

Arquétipo	ต้นแบบ
Ciúmes	ความหึงหวง
Comportamento	พฤติกรรม
Criação	การสร้าง
Criatura	สิ่งมีชีวิต
Cultura	วัฒนธรรม
Desastre	ภัยพิบัติ
Força	แรง
Guerreiro	นักรบ
Heroína	วีรสตรี
Herói	ฮีโร่
Imortalidade	อมตภาพ
Labirinto	เขาวงกต
Lenda	ตำนาน
Mágico	วิเศษ
Monstro	สัตว์ประหลาด
Mortal	ยแร
Relâmpago	ฟ้าผ่า
Trovão	ฟ้าร้อง
Vingança	แก้แค้น

Música
ดนตรี

Álbum	อัลบั้ม
Balada	บัลลาด
Cantar	ร้องเพลง
Cantor	นักร้อง
Clássico	คลาสสิก
Eclético	ผสมผสาน
Gravação	การบันทึก
Harmonia	ความสามัคคี
Improvisar	โอ๊ะโอ
Instrumento	ตราสาร
Lírico	ลีริคัล
Melodia	ทำนอง
Microfone	ไมโครโฟน
Musical	ดนตรี
Músico	นักดนตรี
Ópera	โอเปร่า
Poético	บทกวี
Ritmo	จังหวะ
Rítmico	เป็นจังหวะ

Natureza
ธรรมชาติ

Abelhas	ผึ้ง
Abrigo	ที่หลบภัย
Animais	สัตว์
Ártico	อาร์กติก
Beleza	ความงาม
Deserto	ทะเลทราย
Dinâmico	พลวัต
Erosão	ร่อน
Floresta	ป่า
Folhagem	ใบไม้
Geleira	ธารน้ำแข็ง
Montanhas	ภูเขา
Nevoeiro	หมอก
Nuvens	เมฆ
Pacífico	สงบ
Rio	แม่น้ำ
Sereno	นิ่ง
Tropical	เขตร้อน
Vital	สำคัญมาก

Negócios
ธุรกิจ

Carreira	อาชีพ
Custo	ค่าใช้จ่าย
Desconto	ส่วนลด
Dinheiro	เงิน
Economia	เศรษฐศาสตร์
Empregado	พนักงาน
Empregador	นายจ้าง
Empresa	บริษัท
Escritório	ออฟฟิศ
Fábrica	โรงงาน
Finança	การเงิน
Impostos	ภาษี
Investimento	การลงทุน
Loja	ร้าน
Lucro	กำไร
Mercadoria	สินค้า
Moeda	เงินตรา
Orçamento	งบประมาณ
Rendimento	รายได้
Venda	ขาย

Nutrição
โภชนาการ

Amargo	ขม
Apetite	ความกระหาย
Calorias	แคลอรี่
Carboidratos	คาร์โบไฮเดรต
Comestível	กินได้
Dieta	อาหาร
Digestão	การย่อย
Equilibrado	สมดุล
Fermentação	การหมัก
Líquidos	ของเหลว
Molho	ซอส
Nutriente	สารอาหาร
Peso	น้ำหนัก
Proteínas	โปรตีน
Qualidade	คุณภาพ
Sabor	รสชาติ
Saudável	แข็งแรง
Saúde	สุขภาพ
Toxina	พิษ
Vitamina	วิตามิน

Números
ตัวเลข

Cinco	ห้า
Decimal	ทศนิยม
Dez	สิบ
Dezesseis	สิบหก
Dezessete	สิบเจ็ด
Dezoito	สิบแปด
Dois	สอง
Doze	สิบสอง
Nove	เก้า
Oito	แปด
Quatorze	สิบสี่
Quatro	สี่
Quinze	สิบห้า
Seis	หก
Sete	เจ็ด
Treze	สิบสาม
Três	สาม
Um	หนึ่ง
Vinte	ยี่สิบ
Zero	ศูนย์

Oceano
มหาสมุทร

Alga	สาหร่าย
Atum	ทูน่า
Baleia	วาฬ
Barco	เรือ
Camarão	กุ้ง
Caranguejo	ปู
Coral	ปะการัง
Enguia	ปลาไหล
Esponja	ฟองน้ำ
Golfinho	ปลาโลมา
Marés	น้ำขึ้นน้ำลง
Medusa	แมงกะพรุน
Ostra	หอยนางรม
Peixe	ปลา
Polvo	ปลาหมึกยักษ์
Recife	รีฟ
Sal	เกลือ
Tartaruga	เต่า
Tempestade	พายุ
Tubarão	ฉลาม

Paisagens
ทิวทัศน์

Cascata	น้ำตก
Caverna	ถ้ำ
Colina	เนินเขา
Deserto	ทะเลทราย
Geleira	ธารน้ำแข็ง
Golfo	อ่าว
Iceberg	ภูเขาน้ำแข็ง
Ilha	เกาะ
Lago	ทะเลสาบ
Mar	ทะเล
Montanha	ภูเขา
Oásis	โอเอซิส
Oceano	มหาสมุทร
Pântano	บึง
Península	คาบสมุทร
Praia	ชายหาด
Rio	แม่น้ำ
Tundra	ทุนดรา
Vale	หุบเขา
Vulcão	ภูเขาไฟ

Países #1
ประเทศ #1

Alemanha	เยอรมนี
Brasil	บราซิล
Camboja	กัมพูชา
Canadá	แคนาดา
Egito	อียิปต์
Equador	เอกวาดอร์
Espanha	สเปน
Finlândia	ฟินแลนด์
Iraque	อิรัก
Israel	อิสราเอล
Itália	อิตาลี
Índia	อินเดีย
Mali	มาลี
Marrocos	โมร็อคโค
Nicarágua	นิการากัว
Noruega	นอร์เวย์
Panamá	ปานามา
Polônia	โปแลนด์
Senegal	เซเนกัล
Venezuela	เวเนซุเอลา

Países #2
ประเทศ #2

Albânia	แอลเบเนีย
Dinamarca	เดนมาร์ก
França	ฝรั่งเศส
Grécia	กรีซ
Haiti	เฮติ
Indonésia	อินโดนีเซีย
Irlanda	ไอร์แลนด์
Jamaica	จาไมก้า
Japão	ญี่ปุ่น
Laos	ลาว
Líbano	เลบานอน
México	เม็กซิโก
Nepal	เนปาล
Nigéria	ไนจีเรีย
Paquistão	ปากีสถาน
Rússia	รัสเซีย
Síria	ซีเรีย
Somália	โซมาเลีย
Ucrânia	ยูเครน
Uganda	ยูกันดา

Pássaros
นก

Avestruz	นกกระจอกเทศ
Águia	อินทรี
Cegonha	นกกระสา
Cisne	หงส์
Corvo	อีกา
Cuco	นกกาเหว่า
Flamingo	ฟลามิงโก
Frango	ไก่
Gaivota	นางนวล
Ganso	ห่าน
Garça	กระสา
Ovo	ไข่
Papagaio	นกแก้ว
Pardal	กระจอก
Pato	เป็ด
Pavão	นกยูง
Pelicano	นกกระทุง
Pinguim	เพนกวิน
Pombo	นกพิราบ
Tucano	ทูแคน

Pesca
ตกปลา

Água	น้ำ
Barbatanas	ครีบ
Barco	เรือ
Brânquias	เหงือก
Cesta	ตะกร้า
Cozinhar	ทำอาหาร
Equipamento	อุปกรณ์
Fio	ลวด
Gancho	ตะขอ
Isca	เหยื่อ
Lago	ทะเลสาบ
Mandíbula	ขากรรไกร
Oceano	มหาสมุทร
Paciência	ความอดทน
Peso	น้ำหนัก
Praia	ชายหาด
Rio	แม่น้ำ
Temporada	ฤดู

Plantas
พืช

Arbusto	บุช
Árvore	ต้นไม้
Baga	เบอร์รี่
Bambu	ไม้ไผ่
Botânica	พฤกษศาสตร์
Cacto	กระบองเพชร
Erva	สมุนไพร
Feijão	ถั่ว
Fertilizante	ปุ๋ย
Flor	ดอกไม้
Flora	ฟลอรา
Floresta	ป่า
Folhagem	ใบไม้
Grama	หญ้า
Hera	ไอวี่
Jardim	สวน
Musgo	มอสส์
Pétala	กลีบ
Raiz	ราก
Vegetação	พืช

Política
การเมือง

Ativista	นักกิจกรรม
Campanha	รณรงค์
Candidato	ผู้สมัคร
Comitê	คณะกรรมการ
Conselho	สภา
Escolha	ทางเลือก
Estratégia	กลยุทธ์
Ética	จริยธรรม
Governo	รัฐบาล
Igualdade	ความเสมอภาค
Impostos	ภาษี
Liberdade	เสรีภาพ
Nacional	ระดับชาติ
Opinião	ความเห็น
Política	นโยบาย
Político	นักการเมือง
Popularidade	ความนิยม
Vitória	ชัยชนะ

Profissões #1
วิชาชีพ #1

Advogado	ทนายความ
Alfaiate	ช่างตัดเสื้อ
Artista	ศิลปิน
Astrônomo	นักดาราศาสตร์
Atleta	นักกีฬา
Banqueiro	นายธนาคาร
Bombeiro	ดับเพลิง
Caçador	ฮันเตอร์
Dançarino	นักเต้น
Editor	บรรณาธิการ
Embaixador	เอกอัครราชทูต
Encanador	ช่างประปา
Enfermeira	พยาบาล
Geólogo	นักธรณีวิทยา
Joalheiro	อัญมณี
Marinheiro	กะลาสี
Músico	นักดนตรี
Pianista	นักเปียโน
Psicólogo	นักจิตวิทยา
Veterinário	สัตวแพทย์

Profissões #2
วิชาชีพ #2

Agricultor	ชาวนา
Astronauta	นักบินอวกาศ
Bibliotecário	บรรณารักษ์
Biólogo	นักชีววิทยา
Cirurgião	ศัลยแพทย์
Dentista	ทันตแพทย์
Detetive	นักสืบ
Engenheiro	วิศวกร
Filósofo	นักปรัชญา
Fotógrafo	ช่างภาพ
Inventor	นักประดิษฐ์
Investigador	นักวิจัย
Jardineiro	คนสวน
Jornalista	นักข่าว
Linguista	นักภาษาศาสตร์
Médico	แพทย์
Piloto	นักบิน
Pintor	จิตรกร
Professor	ครู
Zoólogo	นักสัตววิทยา

Psicologia
จิตวิทยา

Avaliação	การประเมิน
Clínico	คลินิก
Comportamento	พฤติกรรม
Compromisso	การนัดหมาย
Conflito	ความขัดแย้ง
Ego	อัตตา
Emoções	อารมณ์
Experiências	ประสบการณ์
Inconsciente	หมดสติ
Infância	วัยเด็ก
Influências	อิทธิพล
Pensamentos	ความคิด
Percepção	การรับรู้
Personalidade	บุคลิกภาพ
Problema	ปัญหา
Realidade	ความเป็นจริง
Sonhos	ความฝัน
Subconsciente	จิตใต้สำนึก
Terapia	การบำบัด

Química
เคมีภัณฑ์

Alcalino	ด่าง
Ácido	กรด
Calor	ความร้อน
Carbono	คาร์บอน
Catalisador	ตัวเร่ง
Cloro	คลอรีน
Elétron	อิเล็กตรอน
Enzima	เอนไซม์
Gás	แก๊ส
Hidrogênio	ไฮโดรเจน
Íon	ไอออน
Líquido	ของเหลว
Metais	โลหะ
Molécula	โมเลกุล
Nuclear	นิวเคลียร์
Orgânico	อินทรีย์
Oxigénio	ออกซิเจน
Peso	น้ำหนัก
Sal	เกลือ
Temperatura	อุณหภูมิ

Restaurante # 2
ร้านอาหาร #2

Almoço	อาหารกลางวัน
Água	น้ำ
Bebida	เครื่องดื่ม
Bolo	เค้ก
Cadeira	เก้าอี้
Colher	ช้อน
Delicioso	อร่อย
Especiarias	เครื่องเทศ
Fruta	ผลไม้
Garçom	บริกร
Garfo	ส้อม
Gelo	น้ำแข็ง
Jantar	อาหารเย็น
Legumes	ผัก
Macarrão	ก๋วยเตี๋ยว
Ovo	ไข่
Peixe	ปลา
Sal	เกลือ
Salada	สลัด
Sopa	ซุป

Restaurante #1
ร้านอาหาร #1

Alergia	ภูมิแพ้
Café	กาแฟ
Caixa	แคชเชียร์
Carne	เนื้อ
Comer	กิน
Cozinha	ครัว
Faca	มีด
Frango	ไก่
Garçonete	พนักงานเสิร์ฟ
Guardanapo	ผ้าเช็ดปาก
Ingredientes	ส่วนผสม
Menu	เมนู
Molho	ซอส
Pão	ขนมปัง
Picante	เผ็ด
Placa	จาน
Reserva	การจอง
Sobremesa	ขนม
Tigela	ชาม

Roupas
เสื้อผ้า

Avental	ผ้ากันเปื้อน
Calça	กางเกง
Camisa	เสื้อ
Casaco	เสื้อโค้ท
Chapéu	หมวก
Cinto	เข็มขัด
Colar	สร้อยคอ
Jaqueta	แจ็คเก็ต
Jeans	ยีนส์
Lenço	ผ้าพันคอ
Luvas	ถุงมือ
Meias	ถุงเท้า
Moda	แฟชั่น
Pijama	ชุดนอน
Pulseira	สร้อยข้อมือ
Saia	กระโปรง
Sandálias	รองเท้าแตะ
Sapato	รองเท้า
Suéter	เสื้อคลุม
Vestido	ชุด

Saúde e Bem-Estar #1
สุขภาพและสุขภาพ #1

Altura	ความสูง
Ativo	คล่องแคล่ว
Bactérias	แบคทีเรีย
Clínica	คลินิก
Doutor	หมอ
Farmácia	ร้านขายยา
Fome	ความหิว
Fratura	แตกหัก
Hábito	นิสัย
Hormones	ฮอร์โมน
Medicina	ยา
Nervos	เส้นประสาท
Ossos	กระดูก
Pele	ผิว
Postura	ท่าทาง
Reflexo	สะท้อน
Relaxamento	ผ่อนคลาย
Terapia	การบำบัด
Tratamento	การรักษา
Vírus	ไวรัส

Saúde e Bem-Estar #2
สุขภาพและสุขภาพ #2

Alergia	ภูมิแพ้
Apetite	ความกระหาย
Caloria	แคลอรี่
Corpo	ร่างกาย
Desidratação	การคายน้ำ
Dieta	อาหาร
Digestão	การย่อย
Doença	โรค
Energia	พลังงาน
Genética	พันธุศาสตร์
Higiene	สุขอนามัย
Hospital	โรงพยาบาล
Humor	อารมณ์
Infecção	การติดเชื้อ
Massagem	นวด
Peso	น้ำหนัก
Recuperação	การกู้คืน
Sangue	เลือด
Saudável	แข็งแรง
Vitamina	วิตามิน

Tecnologia
เทคโนโลยี

Arquivo	ไฟล์
Blog	บล็อก
Bytes	ไบต์
Câmera	กล้อง
Computador	คอมพิวเตอร์
Cursor	เคอร์เซอร์
Dados	ข้อมูล
Digital	ดิจิทัล
Estatísticas	สถิติ
Fonte	แบบอักษร
Internet	อินเทอร์เน็ต
Mensagem	ข้อความ
Navegador	เบราว์เซอร์
Pesquisa	วิจัย
Segurança	ความปลอดภัย
Software	ซอฟต์แวร์
Tela	หน้าจอ
Virtual	เสมือน
Vírus	ไวรัส

Tempo
เวลา

Agora	ตอนนี้
Ano	ปี
Antes	ก่อน
Anual	ประจำปี
Calendário	ปฏิทิน
Década	ทศวรรษ
Dia	วัน
Futuro	อนาคต
Hoje	วันนี้
Hora	ชั่วโมง
Manhã	เช้า
Meio-Dia	เที่ยง
Mês	เดือน
Minuto	นาที
Momento	ขณะ
Noite	กลางคืน
Ontem	เมื่อวาน
Relógio	นาฬิกา
Semana	สัปดาห์
Século	ศตวรรษ

Tipos de Cabelo
ประเภทผม

Branco	ขาว
Brilhante	เงา
Careca	หัวล้าน
Cinza	สีเทา
Colori	สี
Curto	สั้น
Encaracolado	หยิก
Fino	บาง
Grosso	หนา
Loiro	สีบลอนด์
Longo	ยาว
Marrom	สีน้ำตาล
Ondulado	หยัก
Prata	เงิน
Preto	สีดำ
Saudável	แข็งแรง
Seco	แห้ง
Suave	อ่อนนุ่ม
Trançado	ถัก
Tranças	ถักเปีย

Universo
จักรวาล

Astronomia	ดาราศาสตร์
Astrônomo	นักดาราศาสตร์
Atmosfera	บรรยากาศ
Céu	ท้องฟ้า
Cósmico	ฟังดู
Equador	เส้นศูนย์สูตร
Galáxia	กาแลกซี่
Hemisfério	ซีกโลก
Horizonte	ขอบฟ้า
Inclinar	เอียง
Latitude	ละติจูด
Longitude	เส้นแวง
Lua	ดวงจันทร์
Órbita	วงโคจร
Solar	แสงอาทิตย์
Solstício	อายัน
Trevas	ความมืด
Visível	มองเห็นได้
Zodíaco	จักรราศี

Vegetais
ผักสด

Abóbora	ฟักทอง
Aipo	ขึ้นฉ่าย
Alcachofra	อาติโช๊ค
Alho	กระเทียม
Batata	มันฝรั่ง
Beringela	มะเขือ
Brócolis	บรอกโคลี
Cebola	หัวหอม
Cenoura	แครอท
Chalota	หอม
Cogumelo	เห็ด
Ervilha	ถั่ว
Espinafre	ผักโขม
Gengibre	ขิง
Nabo	หัวผักกาด
Pepino	แตงกวา
Rabanete	หัวไชเท้า
Salada	สลัด
Salsa	ผักชีฝรั่ง
Tomate	มะเขือเทศ

Veículos
ยานพาหนะ

Ambulância	รถพยาบาล
Avião	เครื่องบิน
Balsa	เรือข้ามฟาก
Barco	เรือ
Bicicleta	จักรยาน
Caminhão	รถบรรทุก
Caravana	คาราวาน
Carro	รถ
Foguete	จรวด
Helicóptero	เฮลิคอปเตอร์
Jangada	แพ
Lambreta	สกู๊ตเตอร์
Metrô	รถไฟใต้ดิน
Motor	เครื่องยนต์
Ônibus	รถเมล์
Pneus	ยาง
Submarino	เรือดำน้ำ
Táxi	แท็กซี่
Transporte	กระสวย
Trator	รถแทรกเตอร์

Xadrez
หมากรุก

Aprender	เรียนรู้
Branco	ขาว
Campeão	แชมป์
Desafios	ความท้าทาย
Diagonal	เส้นทแยงมุม
Estratégia	กลยุทธ์
Jogador	ผู้เล่น
Jogo	เกม
Oponente	คู่แข่ง
Passivo	รู
Pontos	คะแนน
Preto	สีดำ
Rainha	ควีน
Regras	กฎ
Rei	กษัตริย์
Sacrifício	อุทิศ
Tempo	เวลา
Torneio	การแข่งขัน

Parabéns

Conseguiu!

Esperamos que tenha gostado tanto deste livro como nós gostamos de o desenhar. Esforçamo-nos por criar livros da mais alta qualidade possível.
Esta edição foi concebida para proporcionar uma aprendizagem inteligente, de qualidade e divertida!

Gostou deste livro?

Um simples pedido

Estes livros existem graças às críticas que publica.
Pode ajudar-nos, deixando agora uma revisão?

Aqui está um pequeno link para
a sua página de revisão:

BestBooksActivity.com/Avaliacoes50

DESAFIO FINAL!

Desafio n° 1

Está pronto para o seu jogo grátis? Usamo-los a toda a hora, mas não são tão fáceis de encontrar - aqui estão os **Sinônimos!**
Escreva 5 palavras que encontrou nos puzzles (n° 21, n° 36, n° 76) e tente encontrar 2 sinónimos para cada palavra.

Escreva 5 palavras de ***Puzzle 21***

Palavras	Sinônimo 1	Sinônimo 2

Escreva 5 palavras de ***Puzzle 36***

Palavras	Sinônimo 1	Sinônimo 2

Escreva 5 palavras de ***Puzzle 76***

Palavras	Sinônimo 1	Sinônimo 2

Desafio n° 2

Agora que já aqueceu, escreva 5 palavras que encontrou nos Puzzles (n° 9, n° 17 e n° 25) e tente encontrar 2 antônimos para cada palavra. Quantos se podem encontrar em 20 minutos?

Escreva 5 palavras de ***Puzzle 9***

Palavras	Antônimo 1	Antônimo 2

Escreva 5 palavras de ***Puzzle 17***

Palavras	Antônimo 1	Antônimo 2

Escreva 5 palavras de ***Puzzle 25***

Palavras	Antônimo 1	Antônimo 2

Desafio n° 3

Óptimo! Este desafio final  não é nada para si.

Pronto para o desafio final? Escolha 10 palavras que tenha descoberto nos diferentes puzzles e escreva-as abaixo.

1.	6.
2.	7.
3.	8.
4.	9.
5.	10.

Agora escreva um texto a pensar numa pessoa, num animal ou num lugar de seu agrado.

Pode utilizar a última página deste livro como um rascunho.

A Sua Composição:

CADERNO DE NOTAS:

ATÉ BREVE!

A equipa Inteira

www.ingramcontent.com/pod-product-compliance
Lightning Source LLC
Chambersburg PA
CBHW082039120626
46553CB00011B/3224
9798896704263